LUCRECIA
BORGIA

LUCRECIA BORGIA

Un destino difícil

por Marcela Altamirano

Grupo Editorial Tomo, S.A. de C.V.
Nicolás San Juan 1043
03100 México, D.F.

1a. edición, febrero 2003.
2a. edición, octubre 2004.

© Grupo Editorial Tomo, S.A. de C.V.
Lucrecia Borgia

© 2004, Grupo Editorial Tomo, S.A. de C.V.
Nicolás San Juan 1043, Col. Del Valle
03100 México, D.F.
Tels. 5575-6615, 5575-8701 y 5575-0186
Fax. 5575-6695
http://www.grupotomo.com.mx
ISBN: 970-666-704-0
Miembro de la Cámara Nacional
de la Industria Editorial No 2961

Proyecto: Marcela Altamirano
Diseño de Portada: Trilce Romero
Formación Tipográfica: Servicios Editoriales Aguirre, S.C.
Supervisor de producción: Leonardo Figueroa

Impreso en México - *Printed in Mexico*

Contenido

Prólogo

Este personaje femenino, quizá por la perdurable fama de belleza y talento que desprende, viene atrayendo desde su propia época la curiosidad y atención de numerosísimas personas. Este tipo de personalidades suele redundar en cosecha de infundios y mistificaciones, por tal razón, Lucrecia es quizá la figura del árbol de los Borgia que ha recogido más injurias y más lodo en su tránsito por las páginas de la historia.

Frente a las infamias acumuladas durante cuatro siglos, que se deleitan en convertir a esta mujer en eje y resorte de cualquier delito político de su siglo, la historia la rehabilita reconociendo los testimonios de aquellos cronistas e informantes contemporáneos que se apartaron del gusto por la indiscreción malsana, que daba carta de autenticidad para contribuir a desprestigiar todo lo que fuera Borgia. Estos testimonios nos servirán para tratar de descubrir cuáles fueron los avatares de la azarosa vida de Lucrecia, que parece haber sido demasiado accidentada.

La tétrica leyenda que se tejió entonces alrededor de los Borgia, no permitió descubrir el verdadero rostro de Lucrecia, una mujer culta y sensible, y más que nada, esposa y madre desventurada e infeliz.

Agradecemos encarecidamente a los embajadores, cronistas, escritores y poetas, y a los llamados 'oradores' de la época (algo así como informantes) por su contribución testimonial, la cual nos permitirá recorrer las diferentes etapas de la vida esta mujer inmortal, en los más diversos y coloridos escenarios del esplendor y la opulencia renacentista.

La espiaremos en la Corte Pontifical Romana; rezaremos con ella en el Convento de San Sixto, donde se educó. Conoceremos a los personajes que la rodearon: a su familia, al Papa Alejandro VI y a su terrible hermano César. Nos presentará a sus amores y asistiremos a sus bodas; seremos también parte de su cortejo para observar y criticar las múltiples celebraciones de las que fue objeto.

De igual manera la acompañaremos en sus penas y sinsabores, que parece que no fueron pocos. Quizá nos agobiará el cansancio cuando viajemos con ella por Italia, hasta Ferrara, pero ello nos dará la oportunidad de ser testigos de la última etapa de su vida, cuando lejos de Roma, tuvo que enfrentarse sola al dolor en la pérdida de sus seres queridos.

En Ferrara, viviremos con ella la guerra y la paz, el amor y el desamor, alegrías, tristezas, intrigas y traiciones; y al final de su vida, quizá podamos concluir, como otros muchos lo han hecho, que Lucrecia Borgia tuvo que ser necesariamente, desde la infancia, una pieza en el juego político de su familia. Por eso, ha sido uno de los personajes más discutidos de la historia.

Marcela Altamirano Cozzi

I

La hija del Pontífice

L ucrecia Borgia, era hija del cardenal Rodrigo Borgia, quien se convertiría posteriormente en el Papa Alejandro VI.

La fecha de su nacimiento ha sido muy discutida por los historiadores, pero según un dato anotado en su acta de su matrimonio con un joven caballero de apellido Centellas, celebrado el 26 de febrero de 1491, Lucrecia entraría en su duodécimo año el 18 de abril siguiente. Así, pues, Lucrecia vino al mundo, en Roma, el 18 de abril de 1480.

Su madre se llamaba Vannozza —diminutivo de Giovanna, Juana—, y fue una mujer de gran belleza, pero sin cultura; pertenecía a una familia de la pequeña nobleza, los Catanei, y al nacer su hija tenía 38 años, en tanto que el cardenal, 49 años.

Vannozza dio a Alejandro VI cinco hijos: cuatro varones y una niña. Pedro Luis fue el mayor, Juan, el segundo; les seguía César, a quien la historia le concedió un terrible renombre y sirvió de modelo a Maquiavelo para su *Príncipe*; después nació Lucrecia y, por último, otro varón al que llamaron Jofré. Pedro Luis pasó los últimos años de su vida en España, en donde murió antes de que el cardenal Rodrigo fuera elegido Papa. Había recibido el título de duque de Aragón, y estaba comprometido con una parienta del Rey de España, doña María Enríquez. Más tarde Juan Borgia heredaría el título y la novia, con la que se casó.

El cardenal Rodrigo se ocupó de que sus hijos recibieran una educación esmerada, y se ha escrito que los hacía pasar por sus sobrinos —en aquella época se acostumbraba llamar 'sobrinos' a los hijos de los sacerdotes.

Vannozza Catanei estaba casada con un milanés de nombre Giorgio Croce, que ejercía las funciones de escribano apostólico durante el papado de Sixto IV, y a quien le dio un hijo al que llamaron Octavio. Croce llegó a hacerse muy rico gracias al cardenal que supo estimar en lo que valía su complacencia conyugal. Cuando Croce murió, en 1486, Rodrigo quiso que Vanonzza se volviera a casar a fin de darles a sus hijos un padre. El elegido fue un matuano llamado Carlo Canale, quien fungía como secretario de la Penitenciaría y era camarero del cardenal Francisco de Gonzaga. Se distinguía por su afición a la literatura y por proteger a los poetas. Después sería nombrado capitán de la Torre di Nona, prisión del Estado.

La madre de Lucrecia nunca se hizo llamar ni Vannozza de Croce ni Vanozza Canale, sino Vanozza Borgia, pues se sentía muy orgullosa del apellido que llevaban sus hijos. Habitaba una lujosa morada en uno de los barrios más animados y frecuentados de Roma, cuyos interiores al estilo de la burguesía acomodada estaban decorados con hermoso y rico mobiliario de la época renacentista, con aparadores llenos de vajillas de plata y sillones recubiertos de terciopelo o de cuero de Cordobán. Dormía en un gran lecho, cuyas columnas incrustadas sostenían una especie de dosel de donde caían gruesos cortinajes. Sobre las alfombras retozaban los niños: Pedro Luis, Juan, César, Lucrecia y Jofré; ellos sabían que la bella dama con la cual vivían y los cuidaba era su madre, pero seguramente se preguntarían qué lazos los unía a aquel prelado de flamante traje que se aparecía con tanta frecuencia por la casa, los hacía saltar sobre sus rodillas, los abrumaba con caricias y golosinas, y cuyo retrato en un bello hábito rojo adornaba una de las paredes. El señor vestido de rojo era muy alegre, le gustaba reír a carcajadas, hablaba en voz alta y actuaba ruidosamente en la mesa, en donde se bebían numerosas botellas de vino de España con alegres convidados que rodeaban a su madre y le decían que era muy bella. El palacio del cardenal Rodrigo se elevaba en la plaza Pizzo de Merle, muy cerca de la casa donde habitaba Vannozza.

La casa de los Borgia en Roma, junto a *San Pedro ad Vincula.*

Rodrigo Borgia, cardenal-arzobispo de Porto, vicecanciller de la Santa Sede, encontraba a su amante muy bonita, pero no la consideraba lo suficientemente adecuada para encargarse de la educación de su hija Lucrecia, por lo que no tardó en confiarla a una prima suya, sobrina nieta del Papa Calixto III (Alonso Borgia), la noble patricia Adriana de Mila, casada con el gentil hombre Ludovico Orsini, señor de Bassanello de la Civitacastellana, y que habitaba en Roma el Palacio de Monte-Giordano. El cardenal confiaba plenamente en su prima que era su confidente: le exponía sus planes de conducta, la consultaba y seguía sus consejos.

Adriana decidió llevar a la niña al Convento de San Sixto, en la vía Apia, para que recibiera una estricta educación religiosa como ocurría en el mundo de la Iglesia, profundamente penetrado de sus creencias tradicionales. "Bajo los cuidados de Adriana Orsini —escribe Blaze de Bury—, Lucrecia se convirtió prácticamente en un modelo de virtud." La niña fue instruida también en las lenguas más vivas: hablaba y escribía correctamente el italiano, el

El Convento de San Sixto en la vía Pia, refugio predilecto de Lucrecia Borgia. De joven pasó ahí largas temporadas de retiro.

español y el francés; se le enseñó el latín; y aprendió música y dibujo. Más tarde, en Ferrara, causaría admiración por su habilidad en los bordados en oro y seda y en la pintura de la porcelana. También en Ferrara afinaría su gusto literario, al frecuentar a los primeros poetas de la época: el Ariosto, Bembo, los dos Strozzi, Antonio Teobaldo, Nicolo da Correggio, y ella misma compondría versos.

El cardenal tenía una segunda razón para no dejar la educación de la pequeña Lucrecia en manos de Vanozza Catanei, su madre, pues acababa de reemplazarla por una joven romana de deslumbrante belleza: Julia Farnesio. Esto sucedió en el año de1489, cuando Lucrecia tenía nueve años, Julia 15 y el cardenal Rodrigo 58. Y como medida de seguridad, se apresuró a casar a su joven conquista, eligiéndole por marido al hijo de su prima Adriana, Ursinus Orsini. El matrimonio fue celebrado en la Cámara de las Estrellas del Palacio de Borgia.

En cuanto a su hija Lucrecia, no esperó que ésta tuviera 15 años para atarla con los lazos de himeneo, pues la niña no había cumplido aún los 11, cuando firmó su primer contrato de matrimonio el 26 de febrero de 1491, confirmado por un segundo acto del 16 de junio siguiente. El cardenal la destinaba a convertirse en la mujer de un joven hidalgo que respondía al nombre de 'Querubín': don Querubín de Centellas, señor del Val d'Ayora (reino de Valencia), hermano del conde de Oliva. Otorgaba a su hija 33 mil timbres que valían 330 mil sueldos, moneda de Valencia. Treinta mil de cuyos timbres eran dinero en efectivo, y tres mil en joyas y adornos. La joven novia no había visto a su 'Querubín' que vivía en España, y mientras tanto, permanecía encerrada en el Convento de la vía Apia.

Desde su nacimiento, Lucrecia Borgia nunca pudo disponer de su destino, ni siquiera de su voluntad o de sus actos. Razones de Estado, o mejor dicho, intrigas de la Corte, inclinaron la elección hacia un partido considerado por los Borgia como más ventajoso, pues apenas iniciado su noviazgo con el señor del Val d'Ayora, Lucrecia era de nuevo comprometida, y no con menos legalidad, con otro hidalgo, don Gasparo de Aversa, hijo de Francisco de Procida. La edad de los futuros esposos resultaba ser más conveniente, pues el galán tenía 16 y la doncella entraba en los 12; tampoco se habían visto nunca.

La noche del 10 al 11 de agosto de 1492, el cardenal Rodrigo Borgia es elegido Papa. Hará famoso su pontificado bajo el nombre de Alejandro VI. Entre tanto, don Gasparo llega a Roma para casarse con su prometida, y el cardenal Rodrigo convertido en jefe de la cristiandad y soberano señor de los estados pontificios, estima que su compatriota hidalgüelo es un personaje muy desmedrado para ser yerno de un Papa. El joven, furioso por verse conminado a renunciar a sus derechos, manifiesta de manera agresiva su descontento; el embajador Ferrares escribe a su príncipe:

"El conde Gasparo lanza grandes bravatas como buen castellano, declarando que elevará una queja a todos los príncipes de la cristiandad; pero de bueno o mal grado, le será necesario resignarse al fin, y muy tranquilamente".

De hecho, Gasparo se resignó con la mayor suavidad mediante tres mil ducados. El contrato que le ataba a Lucrecia fue anulado el 8 de noviembre de 1492. Algunos historiadores añaden su nombre al número de maridos de Lucrecia, aunque entre los dos jóvenes nunca se dio el menor contacto. Además, cuando el contrato de matrimonio fue cancelado, Lucrecia tenía 12 años.

En realidad, no hay por qué para juzgar tan severamente a Alejandro VI como Papa y como hombre. Desde un punto de vista más actual, quizá podría parecernos un ser monstruoso, pero en buena justicia debemos conceptuarlo conforme a las ideas y costumbres de su tiempo. Hacia el fin del siglo XV, el Soberano Pontífice era, por la fuerza de las circunstancias, príncipe temporal, jefe de un Estado que, con el reino de Nápoles, el ducado de Milán y la República de Venecia, eran considerados los cuatro más importantes y, en consecuencia, los más importantes de Italia. Tal vez el carácter del príncipe seglar primaba sobre el de jefe espiritual de la cristiandad. Fuera de sus desórdenes, sus libertinajes, su gusto por las fiestas suntuosas, y del placer que experimentaba viendo danzar a mujeres bellas, se puede considerar a Alejandro VI como una gran figura: activo, inteligente, enérgico, astuto y gran visionario. Miguel Ferrer, discípulo del poeta Pomponio Leto, lo define así:

"Su Santidad monta un caballo blanco como la nieve; su frente radia, el relámpago de su dignidad fulmina; el pueblo, a quien bendice, lo saluda y aclama. Su presencia regocija, se anuncia como un presagio de felicidad. ¡Qué mansedumbre en su gesto, qué nobleza en sus rasgos, qué generosidad en su mirada! ¡y en cuanto a esa apostura augusta, esa actitud, ya benevolente, ya digna, aumentan en gran parte la veneración que a su alrededor despierta!"

Cuando Rodrigo Borgia inicia su papado tiene 67 años de edad y se le describe como un hombre de carácter alegre, lleno de entereza, infatigable: "Nada lo detiene, rejuvenece día a día", diría el poeta veneciano, refiriéndose al Soberano Pontífice ya septuagenario. Nadie se le resiste al Papa. No hay voluntad que se atreva a oponerse a la suya, excepto la de su hijo César, a quien a pesar del afecto que le profesa, le teme y nunca logra doblegar. Junto a éste, su sucesor Julio II, llamado 'el grande, el terrible Julio II', es un pobre hombre, débil, pequeño, mezquino limitado en sus cóleras de "gastrálgico". Alejandro VI es el gran torrente que arrastra desperdicios, lodo, y si se quiere cadáveres putrefactos, pero que mina los muros, desarraiga los robles y todo se lo lleva.

Rodrigo Borgia: el Papa y el Padre

Rodrigo Borgia nació en Játiva, España (Diócesis de Valencia), entre los años 1430 y 1431. Su madre, Isabel Borgia, era hermana del Papa Calixto III, quien lo nombra cardenal en 1456. Rodrigo era entonces un joven prelado bien parecido, con aires de gran señor, amable, encantador y de suave e insinuante voz. "Apenas ve mujeres bonitas —escribiría Gaspar de Verona—, las induce al amor de manera asombrosa: las atrae lo mismo que el imán al hierro".

El cardenal de Viterbo, contemporáneo de Alejandro VI, definió al Pontífice en el contexto de la Roma de fines del siglo XV. El siguiente retrato fue publicado conforme al manuscrito de la Biblioteca Angélica de Roma, por L. Thuasne, como nota a su edición del Diarium:

"Alejandro se hallaba dotado de una inteligencia muy aguda: era hábil, prudente, diligente, eficaz y de fecunda naturaleza. Nadie procedió nunca con mayor destreza; vehemente para persuadir y firme para resistir. Se mostró tan grande en todo, tanto en el pensamiento como en la palabra, en la acción como en la decisión, que habría sido un príncipe destacado si las virtudes que poseía se hubieran mostrado libremente y no hubieran sido ahogadas por numerosos vicios. Quien quiera que lo viera proceder, o lo oyera hablar, comprendía que no le faltaba nada de lo que es necesario para dominar al mundo: siempre pronto para privarse del sueño; a merced de las voluptuosidades que, no obstante, nunca le impidieron llevar el fardo de los intereses públicos, ni de dar audiencia, ni responder de palabra, y estar presente en todo lo que reclamaban sus funciones. Y, sin embargo, aunque esas cualidades primaran en él, no se podría afirmar que la época de su reinado fue marcada por días felices. Tinieblas y noche profunda: no hablemos de esas tragedias domésticas que evocan el nombre de Tieste; nunca en el dominio de la Iglesia, las sediciones fueron más amenazantes, el pillaje más frecuente, los asesinatos más crueles, la brutalidad de las violencias más desenfrenadas en la vía pública, la ruta de los viajeros más peligrosa; nunca se vieron en Roma mayores males, mayor número de delatores, más ruindad en los sicarios, ni ladrones más numerosos y más audaces. —¿Se atrevería alguien a franquear las puertas de la ciudad y a permanecer en ella?—. Aquel que tuviera oro en su casa u objetos de gran valor, era acusado de lesa majestad. Nadie estaba seguro en su domicilio, ni aun escondiéndose en su torreón. No existían derechos ni ninguna libertad: el oro, la fuerza y Venus mandaban. Hasta entonces se había conocido la libertad latina, e Italia no se vio libre de la dominación extranjera, sino el día en que se desvaneció esa bárbara tiranía."

Esta descripción de Alejandro VI y de la Roma de entonces, hecha por una mano autorizada y experta, puede ponerse al lado de la célebre *Carta a Savelli*, cuya traducción se verá más adelante.

En cuanto a la política pontifical de Alejandro VI, delineada ya por sus antecesores Sixto IV e Inocencio VIII, ha sido considerada, sin duda, una de las causas del movimiento de la Reforma en Alemania; sin embargo, contribuirá al brillo y a la grandeza del papado de ese tiempo. La misma política —como lo hace notar Maquiavelo— será continuada por el Papa Julio II, quien aprovechándose de lo que su antecesor había hecho, progresando en el camino que éste había trazado, se dirigió hacia el mismo fin pero con menos buena fe y menos inteligencia. El mismo fin será perseguido por León X; —y tal vez de esos tres célebres pontífices que presidieron el Renacimiento romano. Alejandro VI, a pesar de sus enormes vicios, es el que despierta más admiración, y tal vez, hasta la mayor simpatía.

Orestes Ferrara escribiría al respecto:

"Políticamente fue superior a muchos otros en su cargo supremo, y los éxitos de Julio II fueron la consecuencia de su habilidad. Quien examine los hechos con toda sinceridad de espíritu para penetrar en el alma de Alejandro VI, debe reconocer que la decadencia política de la Corte Romana comienza con su muerte. Los éxitos de Julio II fueron éxitos a lo 'Pirro'; preparan la caída que tiene lugar más tarde, porque este Pontífice, imprudente hasta la exageración, no tenía ni sistema ni plan, ni idea

El Papa Borgia, Alejandro VI (*El Pinturicchio*; fresco en uno de los departamentos Borgia en el Vaticano).

precisa sobre el porvenir. A la política de equilibrio de Alejandro Borgia, Julio II sustituye la de las ligas y de las alianzas. De igual manera ocurre con León X, que no se daba cuenta de la tempestad que se preparaba en la vida misma de la religión y en la del mundo. No hablemos de sus sucesores: su incapacidad debería relegar al Vicario de Cristo al segundo plan de la política."

Alejandro, el padre, amó con ternura profunda y conmovedora a los hijos que Vannozza le había dado. Fue un hombre tan paternal, que en esto pocos lo han sobrepasado. Rodeó a sus hijos de un afecto que nada pudo aminorar. Uno de ellos, César, se cubre de crímenes, y el Pontífice no

17

sólo no se sentirá con fuerzas para condenarlo, sino que ni siquiera imagina tal posibilidad.

Desde el primer día de su pontificado, será su preocupación constante asegurar para sus hijos una situación elevada, poder y una fortuna en proporción a lo que había soñado para ellos. El poeta veneciano Paolo Capello, escribió que "todo el pensamiento de Alejandro VI, se refería a la grandeza de sus hijos"; y el rey de Nápoles afirmaría después: "No piensa él en otra cosa ni tiene otro deseo que dar, contra viento y marea, el poder a sus hijos." "Ama a sus niños —concluye el cronista Paul Jove— con un amor apasionado, *svisceratissmo amore*, con un amor que le sale de lo más profundo de las entrañas."

A su hija Lucrecia, Alejandro la amó con una ternura más dulce, pero no menos viva. "Ama a la señora Lucrecia hasta el extremo, *in superlativo gradu*" —escribe a su superior, en abril de 1493, Giovanni-Andrea Bocaccio, obispo de Módena y representante del duque de Ferrara en Roma—. "La felicidad de su hija, su grandeza las lleva en el alma."

Sí, Alejandro VI amó profundamente a sus hijos. Se dice que el amor es ciego, y nunca fue más ciego un amor que el del Papa Alejandro por su hijo César y por Lucrecia, su hija querida. Con respecto a sus hijos mayores, concibió un proyecto que debería, en su opinión, fortificar el poder eclesiástico. Éste sería adoptado por Julio II en favor de la Iglesia, y luego por León X en favor de su sobrino Lorenzo de Médicis. Dicho proyecto consistía en reconstituir en el centro de Italia un reino con los Estados de la Iglesia, destruyendo lo que restara de independencia y de acción política a las casas feudales, de las cuales las principales comprendían a los Savelli, a los Gaetani, a los Orsini y a los Colonna; y a ese Estado, en adelante centralizado y nivelado, se añadiría los señores vasallos de la corona pontificia, que le serían inmediatamente adjuntos, mediante la supresión de las autoridades intermediarias.

Se incluían, sobre todo, señoríos (feudos particulares que se gobernaban como Repúblicas), ciudades y feudos como Perusa y Siena, Piombino y la isla de Elba; el ducado de Urbino, el señorío de Pésaro, las Romañas con Ravenna y los señoríos de Rímini, Casena, Forli, Faenza, Imola y Camerino; Módena y Regio, Bolonia y su territorio; después, Julio II querrá añadir también el ducado de Ferrara.

Posteriormente, con el poder del Estado así formado y que se extendería al reino de Nápoles, a la República de Venecia y al ducado de Milán —Estado centralizado cuya preponderancia en la península no podría ya ponerse en duda—, sería fácil unificar y dominar Italia entera, sometida en adelante a la autoridad del Soberano Pontífice, que se convertiría en el *duce* espiritual y temporal.

Como antes se señaló y lo apuntó Luis Gastine en su libro "César Borgia", el Papa Alejandro VI ideaba sus proyectos en pro de la grandeza y la fortuna de su propia familia, por lo que no tardaría en pensar que un simple gentil hombre catalán —don Gasparo de Aversa— por brillante que fuese y de buena ley, no era ya el que convenía a su

Lucrecia Borgia con Alejandro VI, su padre (Giuseppe Boschetti, Nápoles, Museo de Capodimonte).

hija. Era necesario que ella le añadiese un punto de apoyo a sus proyectos políticos, y en relación con ellos, un príncipe soberano perteneciente a una familia poderosa y de buenos aportes. Cayeron sus ojos entonces sobre Juan Sforza, señor de Pésaro, de la ilustre casa de los Sforza, que reinaba en Milán. Era hijo natural de Constanzo di Pésaro, conde de Cotignola y vicario de la Iglesia, considerando que en tiempos del Renacimiento y en la nobleza, cuando eran bienvenidos, los bastardos parecían tan legítimos como cualquiera. "En Italia —observa Comines— no hay gran diferencia entre un hijo bastardo y un legítimo."

El cardenal Ascanio Sforza-Visconti, hermano del tirano de Milán, Ludovico el Moro, había tenido un papel principal en el Cónclave que proclamó Papa al cardenal Borgia. Para devolverle el favor, éste le había nombrado vicecanciller de la Santa Sede. Juan Sforza era su sobrino, así que seguramente el cardenal Ascanio, favorito de Alejandro VI, influyó en su elección cuando el Papa buscaba otro marido para Lucrecia.

Para este matrimonio de la hija de Alejandro VI con el sobrino de Ludovico el Moro, tirano de Milán, existía un motivo que era determinante: en septiembre de 1492, Franceschetto Cibo, hijo natural del Papa Inocencio VIII, vendía sus señoríos, castillos y fuertes de Cervetri de Anguillara a Virginio Orsini, confaloniero del rey de Nápoles. Esos feudos se hallaban ubicados en el dominio de la Santa Sede, de la que dependían. Virginio era el jefe de la gran casa de los Orsini, con fama de ser vasallos fuertemente organizados y muy temidos por el pontificado romano contra el cual estaban en constante lucha. Con esta doble adquisición, los Orsini verían acrecentado su poder en detrimento del Pontífice romano. ¿Quién podría suministrar a Virginio Orsini la suma de 40,000 ducados exigida por la adquisición de Cervetri y de Anguillara? Indudablemente, el Rey de Nápoles.

Ludovico el Moro y el cardenal Ascanio, aprovecharon la ocasión para asestarle un sensible golpe a su adversario. Mediante sus gestiones, se formó una alianza entre Venecia, Siena, el duque de Ferrara y el marqués de Mantua, a fin de suministrar al Soberano Pontífice las tropas necesarias para despojar a los Orsini de sus nuevas adquisiciones.

Para esto, los rumores concernientes a un proyecto de matrimonio entre la hija del Papa y el sobrino del milanés, ya circulaban en Roma desde el mes de marzo; el contrato de matrimonio de Lucrecia con Gasparo quedaría anulado en noviembre de 1492, y el contrato con el joven señor de Pésaro se firmaría en febrero de 1493. Esta alianza formada por iniciativa de Ludovico el Moro para recuperar a Cervetri y Anguillara, se daría a conocer el 25 de abril de ese mismo año.

Primer matrimonio

Lucrecia no cuenta aún con 13 años, pero el contrato declara que ha alcanzado la edad núbil. Juan de Pésaro tiene 26 años; y si Lucrecia a los 12 años era novia por tercera vez, Pésaro, por su parte, era ya viudo. Su mujer, Magdalena de Gonzaga, hermana del marqués de Mantua y de la duquesa de Urbino, había muerto de parto. Juan era un apuesto mancebo, bien construido y de suficiente cultura. Se distinguió como condotiero al servicio de los venecianos: modelo de esos señores déspotas del Renacimiento italiano, que, desde el pequeño al grande, a excepción de la Serenísima República (Venecia), dominaban y gobernaban a Italia.

Lucrecia recibiría una dote de 31,000 ducados, de los cuales 5,500 le deberían ser entregados por su hermano Juan, quien había tomado el título del duque de Gandia después de la muerte de Pedro Luis Borgia. Esos 5,500 ducados habían sido destinados por el mayor a Lucrecia, con la condición de que se le entregaran en cuanto se casara. Diez mil ducados de la dote los constituían joyas, vajillas de plata, muebles costosos y otros atavíos de uso femenino que Lucrecia aportaba al casarse.

El matrimonio se celebró en el Vaticano el 12 de junio de 1493 con gran suntuosidad. Estuvieron presentes los más altos dignatarios de la Iglesia, 10 de ellos cardenales, y de todos los embajadores —se decía "oradores"— de las potencias extranjeras y de los señores y Repúblicas italianas.

Sin embargo, Juan de Pésaro no asistió a la ceremonia. La boda se llevó a cabo por poderes. El señor de Pésaro se había hecho representar por un procurador siguiendo una costumbre del tiempo, muy extendida en ese entonces.

El banquete de bodas fue ofrecido por la noche en el Palacio de Belvedere, y no lo presidió la madre de la novia, Vannozza Catanei, sino la triunfal favorita, Julia Farnesio, rodeada de su familia, de su marido honorario, de su hermano Ángelo, su cuñada, hija del conde de Pitigliano, capitán general de los ejércitos de la Iglesia, y de su suegra, Adriana.

Al lado de Lucrecia se encuentra su padre, el Soberano Pontífice, en todo su esplendor. Jerónimo Pontiús lo describiría de la siguiente manera:

"Amplio y alto, empurpurado el tinte, los ojos negros, carnosos los labios, radiando una triunfal salud, lo que le permitía sobrellevar alegremente las fatigas del sacerdocio, de los asuntos de la Iglesia y de sus placeres; siempre jovial, brillante, gracioso y cortés. No hay quien no se maraville del armonioso equilibrio de esta potente y soberna naturaleza, resplandeciente de alegría, de benevolencia y de olímpica placidez."

Después de que las mesas fueron retiradas, se mostraron a la novia los regalos de boda. Ludovico el Moro, tirano de Milán, tío de Juan de Sforza, envió varias piezas de seda recamadas en oro y dos sortijas engastadas, la una con un diamante, la otra con un rubí. En nombre del duque de Ferrara, su "orador", el obispo de Módena, presentó dos grandes fuentes de plata dorada, artísticamente labradas; el cardenal Ascanio les obsequiaba un juego para el comedor, que consistía en una bandeja con su jarra, 12 tazas con sus platos, compotera enteramente dorada "a la romana" y dos copas para beber de plata dorada; todo de fino acabado. El hermano de Lucrecia, Juan, duque de Gandia, le ofrecía un jarrón, y su hermano menor, Jofré Borgia, protonotario de la Santa Sede, otro jarrón hecho de un material parecido al jaspe, con ornamentos de plata dorada; los demás obsequios fueron similares a los anteriormente descritos.

En cuanto al Pontífice romano —dice el cronista Infessura—, regaló a los recién casados, además de las joyas del ajuar, 50 copas de plata llenas de confites y caramelos, los cuales fueron repartidos en forma divertida entre las damas durante la fiesta. ¡Cada una atrapaba los que podía!

Más tarde se inició el baile —las damas danzaron entre ellas— con intermedios en los que se representaron comedias acompañadas de cantos y música. El Papa y todos los asistentes a la boda participaron en él. "Más se podría decir —escribe el obispo de Módena al duque de Ferrara—, pero nunca concluiría." Y añade: "Se pasó en esto la noche entera. ¿Se hizo bien o mal? Vuestra Alteza lo juzgará."

Durante la fiesta, sólo en los ojos de la pequeña casada se podía notar el desconcierto. Su reserva contrastaba con la turbulencia de los alrededores. Era admirada por su gracia, su dulzura y su modestia. Con su timidez infantil se ganaba todas las simpatías. Sin embargo, no aparecía radiante ni gloriosa, sino riente, amable y acogedora.

En esta etapa de su vida, Lucrecia Borgia en el umbral de sus 14 años, es una graciosa y frágil adolescente rubia, infinitamente bella, dócil a la voluntad de sus mayores, —como le habían enseñado—, y no poco orgullosa de ser hija nada menos que del Papa. Ligera en su andar y en su carácter, siempre alegre, aumentaba su gracia natural, "una gracia irresistible" —dicen los cronistas— con su pudor, su ingenuidad y su figura virginal; y, para usar la expresión de un 'orador' ferrarés, por su fisonomía enteramente 'católica' trazada por la mano de Adriana Orsini, y por la vida que había llevado en el Convento de San Sixto de la vía Apia.

Al mismo tiempo, Juan Sforza celebraba su matrimonio con una espléndida fiesta en su palacio de Pésaro. En la gran sala del castillo, al compás de las violas, de los pífanos y de los tamborines, los invitados danzaban a la italiana y a la francesa, y cuando hubieron hecho las suficientes cabriolas en el interior del palacio, conducidos por el legado del Soberano Pontífice, se dirigieron en alegre farándula por las calles y las plazas de la pequeña ciudad, con la música a la cabeza, siempre danzando, por lo que la población entera, contagiada por tan singular fiesta, se puso a bailar y a cantar, confundiendo su alegría ruidosa con la de los invitados.

En cuanto a Vannozza Catanei, desde ese día fue reemplazada definitivamente por Julia Fanersio, aun en lo que se refiere a las funciones maternales junto a su hija.

II

La dama de Pésaro

Tras la ceremonia matrimonial por poderes, se celebra también en Roma y con grandes fastos, la efectiva, el 12 de junio de 1493. Después, los esposos se trasladarán a Pésaro en mayo de 1494, donde vivirán hasta el invierno de 1495, y más tarde retornarán a Roma al palacio de Santa María de Pórtico.

Pero antes que esto suceda, Lucrecia representa de manera muy gentil su papel de princesa de la Iglesia en Roma, recibiendo numerosas visitas entre parientes, amigos, la gran familia de los Borgia, cortesanos y representantes de los estados extranjeros.

El obispo de Módena, Juan Andrés Bocaccio, embajador del duque de Ferrara ante el Soberano Pontífice, traza para su señor un retrato de la muy joven mujer:

"Lo que la caracteriza es la alegría; posee un hermoso contento reidor, ligero, una risa cristalina que ilumina sus gestos y sus palabras con el reflejo de sus mil facetas. Jamás habrá otra gentil criatura que parezca sentirse tan feliz de vivir. Aflora ella misma como una clara imagen de su alegría, aunque se nota en el fondo de su encantadora naturaleza un no sé qué: como si la envolviera una leve sombra de melancolía y un gusto misterioso por la soledad."

Y es cierto, predomina en ella la alegría: rasgo común a los Borgia. Su hermano César, lejos de sus violencias, y su padre, el Papa Alejandro VI, a pesar de sus libertinajes y de su incómoda gordura, conservaban esa inalterable jocosidad, en ellos más ruda y consistente. A Lucrecia hay que añadirle su exquisita dulzura. El poeta Marcello Filosseno, dice que "su mirada revelaba a la vez dignidad y bondad". Aun aquellos que no la favorecieron, reconocen esa dulzura, e insisten respecto a ello los escritores venecianos.

Es oportuno hacer notar aquí, que durante el turbulento Renacimiento romano, los venecianos y los representantes de la Serenísima República, fueron quienes más se inclinaron por la maledicencia; también hay que recalcar, que algunos críticos se muestran siempre y en toda circunstancia sistemáticamente hostiles a la Santa Sede y a los Borgia; no obstante, todos coinciden en cuanto a la inteligencia de Lucrecia, a su buen humor, su eterna sonrisa y su belleza.

Pues bien, Alejandro VI asignó a su amante, Julia Farnesio, el papel de dama de honor de su hija, para lo cual la alejó definitivamente de su marido y la llevó a vivir con Lucrecia. Lorenzo Pucci encontró a las dos, la noche del 23 de diciembre de 1493, en el palacio de San Martinelllo, contiguo al Vaticano, del que parecía formar una dependencia. Era propiedad de Bautista Zeno, obispo de Tusculum, cardenal con el título de Santa María del Pórtico (*Santa-María-Inporticu*). Pucci escribe sobre ello a su hermano Giannozzo, representante del poder de Florencia en Roma y cuñado de Julia:

"Ambas jóvenes se hallaban sentadas en un rincón cerca de la chimenea, y Adriana Orsini estaba con ellas. Lucrecia, a sus 14 años, llevaba un traje afelpado muy a la moda napolitana. Unos instantes después se levantó para ir a desvestirse y reapareció con una larga bata de satín color violeta. Cuando Julia le mostró a Lucrecia a su hija, que comienza a crecer, me percaté que era el vivo retrato del Papa: ¡es indudablemente de él!

"En cuanto a Julia, ¡qué prodigio de belleza! ¡Esplendorosa! Quizá ha engordado un poco, lo que le sienta de maravilla. Llevaba el cabello suelto, porque se lo acababa de lavar. Una doncella la peinaba. Largo y ondulante, el cabello le caía hasta los pies. ¡Nunca vi nada semejante! La doncella que concluía de peinarla le colocó sobre la cabeza un ligero velo de lino blanco, y por encima, una redecilla 'liviana como el humo', toda de oro. Parecía un trozo de Sol. Ella, como Lucrecia, vestía un traje a la moda de Nápoles."

Uno de sus mejores historiadores, Ferdinando Gregorovius —que dedicaría una de sus obras a Lucrecia—, hace notar justamente la perturbadora influencia que pudo ejercer sobre esta niña de 14 años la compañía íntima, impuesta por su padre, de Julia, una mujer adúltera; pero —como lo recalca el obispo de Módena—, junto con ella, 'de quien tanto se habla', se mantiene incesantemente doña Adriana Orsini, que siempre gobernó a Lucrecia.

Entre los visitantes que llegaban diariamente a presentar sus respetos a Lucrecia, apareció un joven caballero de recia apostura, ancho de espaldas, de aspecto un poco rígido. La expresión de su rostro denotaba inteligencia y decisión. Tenía la frente sombreada por una espesa cabellera oscura y su cuello desaparecía bajo una barba cerrada. Se trataba de Alfonso del Este, hijo mayor del duque Ercole, heredero de la corona de Ferrara. El joven quedó encantado con la bella niña de largos y sedosos cabellos de un rubio veneciano y claros de ojos que brillaban de alegría e inteligencia. Lucrecia debió acoger con una sonrisa de simpatía a ese adolescente de fisonomía abrupta y franca que mostraba un aire de nobleza en su aspecto de soldado taciturno y sombrío. Como el recién llegado había viajado con mucha frecuencia, su charla era interesante por lo que refería de las cortes europeas. Los dos jóvenes no podían sospechar en ese entonces, que 10 años después estarían unidos por unos lazos que jamás se romperían.

Al poco tiempo, huyendo de la malaria, Lucrecia deja Roma y sus esplendores en el verano de 1494, para trasladarse con su marido a su señorío de Pésaro. Curioso viaje anotado por el 'orador' mantuano: "Lucrecia va acompañada no solamente por su marido, sino por su madre Vannozza Catanei y — ¿cómo decirlo? —, por su madrastra, Julia Farnesio. Con ellos viaja la suegra de Julia, Adriana Orsini." No faltaba sino el Papa para que la familia — por la derecha y por la izquierda — estuviese completa."

Los esposos llegaron el 8 de julio a la pequeña ciudad de vasto circuito, provista de angulosas torrecillas y de atalayas: conjunto defensivo que comprendía tierras cultivables. Ese día llovía a torrentes, por lo que todos los preparativos hechos por fieles vasallos, listos para recibir a su señor y a su nueva ama, fueron destruidos por la lluvia.

Lucrecia se instaló en el torreón feudal que le serviría de morada. Desde lo alto de las almenas se divisaban, hacia el Oriente, las azuladas aguas del Adriático, sobre las cuales se deslizaban algunas velas de color naranja y otras de color blanco. Hacia el Occidente se veían los verdegueantes contrafuertes del apenino etrusco.

Al observar las dimensiones del señorío, la nueva castellana de Pésaro debió, sin duda, considerarlas modestas en extremo, al compararlas con las de los ducados de Milán y de Ferrara, o con el marquesado de Mantua, y aun con el ducado de Urbino. Eso no le impedía que fuera la soberana de esos estados por minúsculos que fuesen, y que dependiera sólo de ella vivir feliz y agradecida, pues era una inesperada fortuna, en suma, para la hija natural de un cardenal y de una romana de familia modesta. Ahora se encontraba desligada de la influencia de su padre, el Soberano Pontífice, de su hermano César y del lujoso bullicio de la corte pontifical. En aquellos tiempos, la comunicación entre Roma y Pésaro era lenta y difícil.

Por minúsculo que fuera el Estado de Pésaro, éste contaba con tierras de una gran fertilidad deliciosamente cultivadas con flores y frutos. Además, ahí se transmitía desde hacía dos siglos, como una agradable tradición, el arte de la mayólica como se le llama a las porcelanas italianas

28

del Renacimiento. Faenza se encontraba en los alrededores. Esto le encantó a Lucrecia, y como ya había aprendido a dibujar, tomó los pinceles para dar los colores del esmalte. Así, pues, la pequeña castellana, rubia y bondadosa, silenciosamente sentada en el hueco de algún grueso muro, al pie de la alta ventana que la baña de luz, sumida en un ensueño tranquilo, se dedicó a decorar un jarrón que sostenía entre sus rodillas.

Pasó un año sin que la joven señora de Pésaro se sintiera enfadada. De hecho, en medio de sus ensoñaciones muy vagas, muy uniformes y muy apacibles, Lucrecia nunca no se aburrió. Pero luego, las circunstancias políticas obligaron a los esposos a volver a Roma.

De vuelta en Roma

Sobre lo que sucediese o dejase de suceder durante aquellos años del primer matrimonio de Lucrecia, se ha debatido largamente, tanto por sus contemporáneos como por la posteridad, de la cual es muy posible que ella no se preocupase en exceso; pero sí es seguro que no podía causarle el menor placer que sus coetáneos, empezando por su progenitor y sus hermanos, se interesasen, como hicieron, con tanta astucia como poca discreción, de sus asuntos privados.

Desde muy pequeña Lucrecia se vio atrapada entre los torbellinos de la política, y por lo menos pudo gozar algunos meses de la espléndida vida que le ofrecía la gran ciudad pontifical. Esta vez se trataba de la entrada a Roma de su hermano menor Jofré, príncipe de Esquilache por gracia del Rey de Nápoles. A la edad de 15 años, Jofré traía de Nápoles a su joven mujer Sancha, hija natural de Alfonso de Aragón. Ella era uno o dos años mayor que su marido. Se esperaba una entrada excepcional, pretexto para una de esas manifestaciones suntuosas que placían a Alejandro VI.

Dicha entrada se realizó por la puerta de Letrán, y Lucrecia había sido delegada por su padre para ir al encuentro de su cuñada. Montaba una mula enjaezada con seda negra precedida de dos pajes, uno de los cuales iba revestido de oro, y el otro de terciopelo carmesí. Le seguía un brillante cortejo en que se codeaban cardenales, embajadores, oradores, el senador romano y los oficiales de la ciudad. Todos estaban rodeados por los guardias pontificales. El Papa vino desde Vaticano a contemplar el desfile, manteniéndose oculto tras una reja. Se ofreció una recepción que tuvo lugar en uno de los salones más grandes del palacio, y en un arranque de amor paternal, el Pontífice abrazó a cada uno de sus tres hijos. "Alejandro VI era un Papa muy tierno" — diría Tomasi.

Al día siguiente, con motivo de la fiesta de Pentecostés, toda la familia pontificia asistió al oficio solemne que se celebró en la Basílica de San Pedro, y precisamente aquí se desarrolla una de las escenas que los historiadores han calificado de "escandalosa" en la vida de Lucrecia Borgia:

Un predicador español, capellán del obispo de Segorbe, había endilgado un sermón interminable, confuso y fastidioso. "El Papa y los fieles — anotaría Burckard, el maestro de ceremonias pontificales —, atestiguaron su indignación." Resulta que Lucrecia y Sancha se habían instalado sobre el 'pupitre' donde los canónigos tenían la costumbre de cantar el Evangelio. Desde lo alto de ese podio las dos 'locuelas' estaban a la vista de un grupo de mujeres que portaban vistosos trajes, y que de alguna manera se encontraban rodeándolas. Las jóvenes se habían entretenido en reír y bromear, en tanto el capellán proseguía su latoso sermón. El cuadro, tal como ha sido presentado, no carece de atractivo, y sentimos no poder atestiguar su autenticidad en cuanto al escándalo que causó.

La palabra "*pulpitum*" que se encuentra en el texto de Burckard, no significa "pupitre," sino estrado, tribuna donde resonaban los cantos litúrgicos, — en Florencia la decorada por Della Robbia es célebre —. Así pues, mientras el predicador difundía su aburrido discurso, el Papa tampoco podía mantenerse quieto, e instalado entre los fieles, bostezaba hasta tronarse las mandíbulas; los demás asistentes seguramente bostezaban también, y Lucrecia y Sancha, que eran aún casi unas niñas, pues una tenía 16 años y la otra 17, se entretenían en diluir su fastidio en un continuo reír. En esto consistió el famoso escándalo, que, a decir verdad, no era para tanto, pues hemos visto que el rasgo principal del carácter de Lucrecia era su alegría juvenil. En cuanto a Sancha, se dice que era una pizpireta de una fantasía exuberante.

Por otra parte, el duque de Gandia, el mayor de los Hijos de Alejandro VI (después de la muerte de Pedro Luis), había dejando en España a su mujer, doña María Henríquez, y regresaba a Roma. Como lo hace notar Guichardin, el Papa se proponía realizar en Juan de Gandia la grandeza de su casa, y a fin de poder nombrarlo gonfaloniero de la Iglesia —o sea, capitán general de los ejércitos pontificales—, despojó de ese título a un guerrero probado, Guidobaldo de Urbino. De modo que la entrada de Gandia en la Ciudad Eterna, fue rodeada de una pompa aún mayor que la de Jofré y Sancha de Aragón.

El Soberano Pontífice tuvo la suerte de reunir a todos sus hijos muy cerca de él. Instaló al mayor, Juan de Gandia, en el Vaticano. A César Borgia lo ubicó en el Castillo de Santángelo, cerca de su hermano menor; y al protonotario Jofré lo alojó con su mujer en el palacio del cardenal de Alesia. Con Juan Sforza, su marido, Lucrecia ocupaba la residencia del obispo de Tuculum, Bautista Zeno, cardenal bajo el título de Santa María del Pórtico. Este amable prelado murió en Padua, fuera de los estados de la Iglesia, donde vivía apaciblemente, "sin otro cuidado que el de sus placeres" —dice un cronista de la época de nombre Tomasi—. El palacio quedaba contiguo al Vaticano, en el mismo emplazamiento donde más tarde, Bernini construyó su discutida columnata.

Juan de Gandia era un joven de figura distinguida, muy apuesto y elegante. El maestro de ceremonias Burckard lo describe como "un príncipe de comedia, todo cubierto de oro y joyas". Sancha, su cuñada, esposa de Jofré, aparece en esta pintoresca sociedad del Vaticano con un perfil muy interesante; se le califica como atrevida y hasta un poco desvergonzada: la única persona que osaba mantener a raya a su terrible cuñado César Borgia. De naturaleza voluptuosa, Sancha cubría de besos a su pequeño marido de 15 años, pero parecía que no le bastaba, según se decía. La crónica callejera la colmaba de innumerables amantes del más alto rango: príncipes, cardenales y demás. Es verdad que en ese género de caridad cristiana, hombres y mujeres, y tal vez las mujeres más que los hombres, tienen el hábito de mostrarse de una generosidad extraordinaria. Pero lo que aquí interesa, es que para la opinión pública, Sancha no le irá en zaga a su cuñada Lucrecia.

Se dice que las dos jóvenes mujeres simpatizaron a pesar de sus diferentes caracteres. Mientras Lucrecia era apacible y discreta, Sancha se mostraba muy vivaz y espontánea. Su afinidad —según Luis Gastine— resultaba de su común condición de princesas subordinadas a los acomodos de sus familias.

En cuanto a Juan Sforza de Pésaro, éste se convirtió de un día para otro en un personaje de importancia en Roma. Vivía en familia con los Borgia, y se le vio trasladarse al encuentro de Gonzalo de Córdoba, quien ultimaba triunfalmente la toma de Ostie, una campaña contra Orsini. Acompañado del duque de Gandia, Juan de Pésaro recibe al ilustre capitán a las puertas de la ciudad. El hijo y el yerno del Papa se veían muy elegantes con sus fastuosos trajes; se hubiera dicho que parecían dos reyes.

El duque de Gandia, César Borgia, Lucrecia y Juan de Pésaro, Jofré y Sancha, formaban una pequeña y activa corte, animada, ostentosa y alegre, ansiosa de lujos y placeres, que gravitaba alrededor de la gran Corte Pontificia. Acostumbraban cambiar las visitas de manera recíproca y organizaban meriendas, conciertos, danzas moriscas y mascaradas, en las que brillaba la personalidad espléndida del Soberano Pontífice y la belleza impresionante de Julia Farnesio; y también donde Sancha se dejaba cortejar por los jóvenes cardenales, y donde la apuesta silueta de Pésaro parecía borrarse. —Cubierta dorada, bajo la cual se estaba cocinado la salsa de la villanía.

El terrible César Borgia

El matrimonio de Juan Sforza con Lucrecia había sido, en el pensamiento de Alejandro VI, una jugada más para ganarse el apoyo de Ludovico el Moro, muy útil para las circunstancias del momento. En aquella época, como se ha visto, el Papa se encontraba en las peores relaciones con la dinastía de Aragón establecida sobre el trono de Nápoles; sin embargo, se produce un acercamiento entre Roma y Nápoles bajo la amenaza de la invasión francesa comandada por Carlos VIII.

Ludovico el Moro se había apoderado del gobierno de Milán a expensas de su sobrino Juan María Galeas Sforza, marido de Isabel de Aragón, hija de Alfonso II, quien subió al trono de Nápoles en enero de 1494. Alfonso le brindaba todo el apoyo a su yerno, y Ludovico esperaba, al derrotar a los aragoneses, conservar para sí el ducado de Milán. Halagaba al joven Carlos VIII "con los humos y glorias de Italia", haciéndole ver el derecho que él tenía a ese bello reino de Nápoles (herencia de los príncipes angevinos).

La hostilidad entre las cortes de Nápoles y de Milán era en esos momentos de lo más violenta. "El Papa y Alfonso II, que acababa de suceder a Fernando II, intrigaban a la vez contra Carlos VIII y contra Ludovico el Moro", según lo hace notar Emilio Gebhar, el historiador francés. Esta Alianza entre el Vaticano y la Corte de Nápoles alarma en extremo a Juan Sforza, quien le escribe desesperado a su tío Ludovico el Moro. La carta reproduce un diálogo con Alejandro VI y está fechada en el mes de abril de 1494:

"Anoche el Papa me interpeló en presencia del cardenal Ascanio (hermano de Ludovico el Moro).

—Juan Sforza, ¿qué tienes tú que decirme?

—Santo Padre, no hay quien crea en toda Roma que vos habéis llegado a un acuerdo con el Rey de Nápoles, enemigo del duque de Milán. ¿Es efectivo? Entonces yo me encontraría en una posición muy delicada: al servicio de Vuestra Santidad, no vería cómo servir al napolitano contra el milanés. ¡Cuánta no sería mi angustia! Nápoles o Milán, ¿a dónde inclinaría mi fidelidad?

—Os ocupáis en extremo de mis asuntos —respondió el Papa—. Quedaos a sueldo de ambos.

—Señor, si hubiera podido prever para mí una situación semejante, hubiera preferido verme reducido a comerme la paja de mi lecho."

Al final, Juan de Pésaro le hace una súplica a su tío:

"¡Me arrojo en vuestros brazos! ¡Socorredme! Conservadme vuestra benevolencia, conservadme el pequeño nido (el dominio de Pésaro) que me dejaron mis antepasados y donde continuaré con mis súbditos y mis hombres de armas, sirviendo fielmente a Vuestra Señoría."

El 3 de septiembre de 1494, el Rey de Francia franqueó la frontera de Saboya a la cabeza de un ejército "espantoso de ver —dice Brantome—, lleno de candidatos a la horca, prófugos de la justicia y, sobre todo, presidiarios marcados con flores de lis en la espalda; valiente compañía pero de poca obediencia".

Alejandro VI, aterrado, fortificó el Castillo de Santángelo, lo colmó de armamentos de guerra y llamó en su auxilio a todos los príncipes de la cristiandad. Sólo el Rey de Nápoles se puso en movimiento. Es cierto que Carlos VIII amenazaba directamente a su reino, al cual reivindicaba invocando el testamento del último conde de Provenza, Carlos del Maine, heredero de René d'Anjou, que a su vez, había heredado el reino de Nápoles por testamento de la reina Juana II. Los pequeños tiranos de la Romaña acogieron a los franceses amistosamente, y el 31 de diciembre de 1494, Carlos VIII hizo una entrada solemne en la ciudad de los papas a los gritos de "¡Francia!" "¡Colonna!"; en tanto, que Alejandro VI se encerraba en el Vaticano protegido por su guardia española.

Un mes después, los franceses abandonaban Roma arrojados por la penuria de los víveres, y sin que Carlos VIII hubiera podido obtener del Soberano Pontífice la investidura del reino de Nápoles que solicitaba. Se llevaban al temible hijo del Papa, César Borgia como rehén que, disfrazado de palafrenero, logró escaparse en Velletri.

El Rey de Francia había entrado en Nápoles el 22 de febrero de 1495 como conquistador, pero tras él, los principados y repúblicas italianas, asustados por los excesos de los soldados franceses a los que sus propios jefes se habían visto obligados a tolerarles violaciones, saqueos y pillajes, habían recobrado el sentimiento de la unidad común. El ejército conquistador se batió en retirada; la victoria de Fornova (6 de julio de 1495) le abrió el camino. Carlos VIII regresaba a Francia a la cabeza de sus galeotes ya saciados.

Por un momento, la situación pareció arreglarse de manera favorable para Juan Sforza. La presencia de Lucrecia en Roma, a finales de octubre de 1495, ha sido señalada por María Sanuto; y el alsaciano Burckard, maestro de ceremonias de la Corte Pontificia, la ubica en esa ciudad durante los festejos de la Navidad.

En ese entonces, la joven se halla sumergida en la vida fastuosa y miserable, espléndida y disoluta de Vaticano. Su alma ligera, inconsistente, se deja dominar y dirigir por su padre, quien la maneja por medio de su hermano César, cuya violencia y energía la asustan. De esta manera, ella irá siguiendo el destino continuo de su vida, y siempre alegre, reidora, benévola, amable con todo el mundo, será el adorno de las fiestas del Vaticano. ¿Se le puede censurar por el carácter disoluto de semejantes fiestas? ¿Le corresponde a esta jovencita de 16 años reformar las costumbres de la Iglesia?

Savonarola, el predicador y escritor ascético, cuyas invectivas contra las costumbres de la Corte, le llevaron a la excomunión, escribiría acerca del Papa:

"¡Mirad a ese sacerdote!¡A ése que camina muy orondo con su cabellera hermosa, su bolsa y sus perfumes! Id donde él, y encontraréis su mesa cubierta de vajillas de plata, como la de los grandes; los dormitorios decorados con alfombras, cortinajes y cojines. ¡Tiene tantos perros, tantas mulas, tantos caballos, tantos ornamentos, tanta seda, tantos servidores! Su codicia es insaciable. En las iglesias todo se hace por dinero."

Y Burckard, el maestro de ceremonias pontificales, añadiría:

"Alejandro VI ha continuado la tradición inaugurada por Inocencio VIII; la ha simplificado a tal punto, que no existe hoy ningún clérigo que no trabaje —algunos muy diligentemente— por crearse una progenitura. Del grande al pequeño, los tonsurados mantienen concubinas bajo la apariencia de esposas legítimas y, algunos, públicamente."

Lucrecia es un instrumento pasivo de la voluntad paterna y de su política, y obedece a su padre; ¡y a qué padre! ¡Nada menos que al Soberano Pontífice!, cuya inteligencia es potente y dominadora: genio de gran vuelo que todo lo aplasta y ahoga al peso de su grandeza. No será solamente por su encanto el ornamento de las fiestas pontificales, sino también la confidente de las intrigas de la Corte romana. ¿Habría que juzgarla también por eso? Las miras de Alejandro VI no tienen sino un fin: la grandeza material de la Iglesia, pero mediante la grandeza de los Borgia, a los cuales la Iglesia —según el Pontífice— está estrechamente ligada. Lucrecia, cautiva en manos de su padre y de su hermano, continuará sirviéndoles de instrumento para forjar sus designios, porque no le queda más que resignarse, no sin tristeza —ella dirá más tarde: "Roma era una prisión"—, pero conservando siempre un humor afable y su encantadora sonrisa en el fondo de sus grandes ojos claros.

Entre tanto, Juan Sforza ha regresado a Pésaro, donde lo llamaban los intereses de su pequeño dominio. Se ha llevado a su mujer, cuya presencia se ha indicado en Pésaro en los primeros días del año 1496. Los esposos pasarán allí el invierno. Se les vuelve a encontrar en Roma para las fiestas de Resurrección (26 de marzo de 1497), en el curso de las cuales, Sforza, mantiene oficialmente su lugar junto a sus dos cuñados: el duque de Gandia y César Borgia.

Bajo la presión de su hijo César, Alejandro VI ha resuelto desligarse definitivamente de su yerno que no sólo ya no le es útil, sino que, en el nuevo ajedrez político, se ha convertido en un estorbo. Desea usar de nuevo con fines diplomáticos a su hija Lucrecia que puede, en sus maquinaciones, serle de una gran utilidad. Hace venir a Juan Sforza, y le pide que consienta de buen grado en la disolución de su matrimonio. Le propone dejarle la dote de Lucrecia, añadiendo a ésta algo más. Juan Sforza rehúsa. Ama a Lucrecia y esta unión con una Borgia le favorece.

Sobre este punto, la crónica de Pésaro conserva la siguiente escena:

"Una noche, Giacomino, camarero del señor Juan (Sforza), se encontraba en el dormitorio de la señora Lucrecia, cuando César, el hermano de ésta, se presentó ahí. Por orden de la joven, Giacomino se había escondido detrás de un sillón. César, creyéndose solo con su hermana, habló libremente. Acababa de dar la orden de matar a Juan Sforza, su marido. Lucrecia lloró, suplicó, pero César salió alzando los hombros. Cuando se hubo retirado, la joven dijo a Giacomino: —¿Has oído?, anda y adviértelo.

El camarero obedeció de inmediato, y sin venir siquiera a despedirse de su mujer, Juan saltó sobre su caballo y tendido sobre él, llegó en 24 horas a Pésaro, en donde la noble bestia, agotada, cayó muerta.

De esta manera César se hizo su enemigo mortal, pero sacó de ello una lección de prudencia; una aversión útil para las palabras inútiles. En virtud de su autoridad canónica, el

Pontífice declaró la nulidad del matrimonio de su hija. Lucrecia, que amaba sinceramente a su marido, se fue a llorarlo algunos días donde las monjas de San Sixto, en la vía Apia."

Lucrecia entró al Convento de San Sixto el 4 de junio de 1497; pero veremos que la disolución del matrimonio no se hizo tan fácilmente como lo imagina el cronista.

La joven mujer se encontraba en la paz del claustro con las monjas de San Sixto, en la vía Pía, cuando le llegó la terrible noticia del asesinato de su hermano Juan, el duque de Gandia, el segundo hijo de Alejandro VI y de Vannoza Catanei: el mayor desde la muerte de Pedro Luis.

Alejandro VI había nombrado a su hijo, César, obispo de Valencia en España cuando apenas cumplía los 16 años y, poco después, lo revistió de la púrpura cardenalicia. César era un apuesto adolescente, de abundante cabellera rubia que le descendía sobre los hombros. Se mostraba meditabundo y era silencioso; pero el joven no tenía nada de eclesiástico, ni el menor gusto por esta carrera.

El obispo de Módena escribe sobre él al duque de Ferrara:

"Hice una visita a César en su casa de Transtevere. Partía para la caza en traje de jinete: casaca negra de seda, las armas sujetas a la cintura y sobre la espalda una simple capelina como la que usan los clérigos jóvenes. Mientras íbamos a caballo, conversamos de manera familiar. Es un hombre de un genio superior, con grandes modales y carácter exquisito. Tiene enteramente el aire de un hijo de príncipe, mucho de buen humor, de alegría, el alma serena: respira el regocijo."

Cuando el embajador ferrarés hacía de él esta bella descripción, César Borgia tenía 17 años. A este gentil caballero, una voz casi unánime le atribuía el asesinato de su hermano, el duque de Gandia.

El asesinato del duque de Gandia

Presunto retrato de César Borgia, el terrible hermano de Lucrecia que la utilizó para sus fines políticos. (Altobello del Meloni, Bérgamo, Academia Carrara).

Alejandro VI había llegado a un acuerdo con el Rey de Nápoles. Federico recibiría la investidura de su corona, y en el futuro quedaría dispensado de pagar el debido tributo a la Santa Sede, su soberano, con la condición de que se desprendiera del ducado de Benavente. A éste se añadirían los condados de Terracine y de Ponte-Corvo, pertenecientes a los estados de la Iglesia, con lo cual se conformaría un principiado atribuido al duque de Gandia. Los hermanos Juan y César Borgia deberían hacer juntos el viaje a Nápoles: el uno para recibir allí la investidura de su nuevo ducado y el otro, para coronar a Federico de Aragón a nombre del Soberano Pontífice.

Juan tenía entonces 24 años; César, 21. Su madre, Vannozza Catanei, quiso ofrecerles una comida de despedida en su hermosa villa situada cerca de la iglesia de *Saint Pierre aux Liens,* una morada confortable, rodeada de un gran huerto lleno de naranjos, limoneros y olorosas flores.

La cena se fijó para el 14 de junio, y entre los convidados se encontraban, además de los festejados, Jofré, Sancha y sus primos Juan Borgia, cardenal de Monreale en Sicilia, y Rodrigo Borgia, capitán del palacio apostólico. Una comida meramente familiar. Después de la cena, el duque y el cardenal emprendieron el camino en sus monturas: el duque sobre su caballo, el cardenal sobre su mula. Juan llevaba en su grupa a un misterioso personaje, siempre enmascarado, que no lo abandonaba desde hacía un mes. Tal desconocido lo había abordado durante la cena.

Después de haberse separado de César, los dos caballeros, seguidos de un sirviente, se dirigieron hacia Chetto. En la Plaza de la Judería, Gandia dijo a su lacayo que lo esperara y desapareció con el enmascarado en medio de la noche. Nadie supo decir a dónde fueron, pero el hecho es que al duque lo asesinaron y su cadáver fue arrojado al Tíber, cerca del hospital de San Jerónimo de los Esclavones, en un sitio donde las carretas y carretones echaban al río residuos e inmundicias. El sirviente, también gravemente herido, expiró sin haber podido dar ninguna indicación.

Un esclavón llamado Giorgio cuidaba esa noche varios montones de madera que mantenía apilados a la orilla del Tíber, y que recién habían sido descargados de un navío. Los vigilaba tendido sobre una barca amarrada a la ribera por temor a que se los robaran. Cuando se le preguntó si la noche del miércoles había visto que echaran al agua a alguien, el esclavón respondió que, en efecto, divisó a dos hombres a pie hacia la quinta hora de la noche (23 horas); y que esos sujetos, después de haber mirado hacia todos lados para cerciorarse de que nadie los observaba, habían hecho señas a otros dos individuos que al punto salieron de la callejuela. Ellos también miraron a su alrededor, y después le hicieron señas a un jinete montado en un caballo blanco que llevaba a la grupa un cadáver, cuya cabeza y un brazo colgaban de un lado y los pies del otro. Dijo que se habían aproximado al sitio donde se arrojan las inmundicias y desde ahí lanzaron el cuerpo con todas sus fuerzas. Después de esto —continuó el esclavón—, el hombre que venía a caballo descendió de su montura, se aproximó a la orilla, y viendo una cosa negra que flotaba sobre el agua, preguntó: "¿Qué es eso?" "Una capa", le respondieron sus compañeros. El hombre estuvo tirando piedras con el fin de hundir la capa en el agua, y una vez sumergida ésta, los cinco hombres desaparecieron.

Se le preguntó a Giorgio, que por qué no había denunciado estos hechos al prefecto de la ciudad. Éste respondió que había visto 100 veces repetirse la misma cosa y que por eso no le preocupó.

Al punto se dispuso que 300 pescadores buscaran en las aguas del río, y a la hora de víspera, encontraron al duque de Gandia enteramente vestido con su casaca, sus calzas y sus botas; llevaba 30 ducados en una de las bolsas y revelaba las señales de nueve heridas. El cuerpo, colocado en una barca, fue conducido al Castillo de Santángelo (la morada de Gandia), en donde lo desnudaron, lo lavaron y vistieron con un traje militar. Por la noche fue llevado por los nobles de su casa a la Iglesia de Santa María del Pueblo.

"Al saber del asesinato de su hijo —escribe Burckard—, y que lo habían arrojado al río 'como una inmundicia', Alejandro VI fue preso de una gran desesperación. Le llegó hasta el fondo de las entrañas. Se encerró en su cuarto y lloró amargamente. Permaneció allí dos días sin disfrutar de una hora de sueño. El Pontífice recobró al fin un poco de coraje a instancias de los cardenales, especialmente del obispo de Segovia.

"En seguida, el Papa convocó al Consistorio. Ante la augusta asamblea, hizo el relato de su desgracia derramando torrentes de lágrimas. 'Dios ha permitido este golpe —decía— por alguno de nuestros pecados.' Y declaró que quería enmendarse, reformar la Corte Romana, establecer con este fin una congregación de cardenales."

Las primeras sospechas recayeron sobre el cardenal Ascanio, hermano de Ludovico el Moro, quien posiblemente deseara vengar el agravio que le habían hecho a su sobrino

Juan Sforza. Su ausencia en la reunión del Consistorio, había causado muy mala impresión. Fue necesaria la intervención del embajador de España en una sesión ulterior del Sacro Colegio, para protestar contra la falsa acusación. Ahí dijo que si Ascanio no había venido a la precedente reunión del Consistorio, era por temor a los españoles, autores de la acusación, ya que Gandia era un 'grande' de España, casado con una prima de Fernando el Católico. Ascanio estaba dispuesto a justificarse ante la asamblea si ésta así lo requería.

Las crónicas de Nápoles y de Perusa acusan al mismo Juan Sforza, sin ningún fundamento, por no encontrarse en Roma cuando sucedieron los hechos.

Sin embargo, muy pronto comenzaría a decirse que el mayorazgo del duque Juan de Gandia, era un obstáculo para las ambiciones desenfrenadas de César. En toda circunstancia, el hermano mayor le cerraba el paso, y el Papa le favorecía siempre, considerándolo como jefe de la casa Borgia, cuya potencia y grandeza pretendía.

"Alejandro VI —dice el estadista Francesco Guicciardini— se había propuesto desde el comienzo de su pontificado, depositar la grandeza temporal de su casa en la cabeza de su hijo mayor; pero César Borgia, cardenal de Valencia, muy alejado del espíritu de su estado y no respirando sino la guerra, veía con gran pena los honores delegados en su hermano, cuyo lugar deseaba ardientemente ocupar."

Quizás es cierto que César Borgia buscaba desembarazarse del obstáculo que se levantaba ante él, haciendo arrojar a su propio hermano al Tíber. *Il fecit cui prodest.* Quizá podría ser éste un buen motivo para asesinarlo, pero, ¿es eso una prueba?

Por otro lado, también se ha argumentado la frialdad que Alejandro VI había mostrado hacia su hijo después del crimen. Revisemos la siguiente escena narrada por Burckard:

"El cardenal de Valencia había sido designado en calidad de delegado *ad latere,* por el Sagrado Colegio para coronar, a nombre del Soberano Pontífice, a Federico, Rey de Nápoles, sucesor de su sobrino Fernando II. Esto sucedió el 8 de junio de 1497. Cumplida la misión, el cardenal regresó a Roma a comienzos del mes septiembre, y el día 5 por la mañana, los cardenales que se encontraban en la ciudad llegaron hasta el monasterio de Santa María la Nueva cabalgando en sus clásicas mulas al encuentro del joven prelado. Del monasterio lo escoltaron hasta el Vaticano, en donde lo esperaba el soberano Pontífice y los embajadores y oradores acreditados ante la Santa Sede.

"El cardenal estuvo esperando en una capilla del Vaticano el momento de ser llamado al Sagrado Colegio. Lo acompañaban el cardenal Ascanio, vicecanciller, y el cardenal Grimani.

"Mientras en el Sacro Colegio se estaban debatiendo algunas cuestiones, los cardenales de Siena y de Alejandría salieron en busca de César y de sus acompañantes, que fueron los primeros en ingresar a la sala de Consistorio justo cuando un abogado estaba exponiendo su alegato. El maestro de ceremonias (Burcard), intentó hacerlo callar considerando que era una falta de respeto para los recién llegados; pero el Papa dio la orden de que continuara queriendo reservar el honor del "silencio" exclusivamente a su hijo.

"Al final apareció César, acompañado de Francisco Piccolomini, cardenal de Siena, y de los diversos prelados que lo habían seguido al reino de Nápoles, quienes se inclinaron ante el Soberano Pontífice, y le besaron la mula (calzas que usan los papas) y la mano. César, y el cardenal de Siena habían subido simultáneamente las gradas del trono pontificio: el cardenal de Valencia no dijo una sola palabra al Papa ni tampoco éste al cardenal. Después de haberlo besado, Su Santidad se levantó de su silla."

Si hemos reproducido esta escena, es porque se ha creído ver en el hecho de que el Papa y su hijo guardaran silencio durante esta breve ceremonia, la prueba de que César había hecho asesinar a su hermano.

Sin embargo, también se puede estimar que en el curso de esta ostentación oficial, todo pasó correctamente y de un modo conforme a la rectitud fría y glacial, a la rigidez que César mostraba en las ceremonias públicas. Si el cardenal de Valencia hubiera dirigido la palabra al Papa, no habría podido pronunciar más que una frase banal, pues de su orgullo desdeñoso no podía esperarse otra cosa. Tomasi añade que después de la sesión del Consistorio, "César fue a ver a Su Santidad, quien lo recibió con un rostro tan alegre, que parecía evidente que se había olvidado por completo de la pena que le causara la muerte del duque de Gandía".

Durante los meses que siguieron, padre e hijo iban juntos de cacería. El Papa ideaba los planes más fabulosos para favorecer el porvenir de su hijo, César, mientras éste calzaba las botas de su hermano asesinado, después de haber renunciado al cardenalato.

Ahora bien, el cronista Marino Sanuto, acusa a los Orsini como los autores del crimen. Sanuto era un viajero veneciano, cuyos textos, junto con los de otros historiadores, han sido de suma importancia para el estudio de la situación política de la Europa de esa época.

Según esto, y como ya hemos visto, Alejandro VI formó una alianza entre Venecia, Siena, el duque de Ferrara y el marqués de Mantua (1493), para recuperar los señoríos de Cervetri y de Anguillara, los cuales habían sido adquiridos por los Orsini. Esos feudos eran, con los Colonna, los más poderosos y ricos territorios de los Estados pontificios. Con los dominios que les confiscaría, Alejandro quería formar un principado a favor precisamente del duque de Gandía.

El 27 de octubre de 1493, saldría de Roma un ejército muy bien armado, formado por vigorosos mercenarios

44

suizos bajo las órdenes del duque de Gandia, promovido a gonfaloniero de la Santa Sede. Lo secundaba el famoso condotiero Guidobaldo de Urbino. En menos de un mes, los dos capitanes le conquistaron a los Orsini 10 ciudades y fortalezas: Galera, Bassano, Sutri, Campagnano, Formello, Scrofano, Cesena, Viana, Bieda e Isolda; incendiaron Trevignane, pero fueron derrotados en Soriano, abandonando a los Orsini estandartes, artillería y bagajes. Guidobaldo fue hecho prisionero, y el duque de Gandia huyó hacia Roma con el rostro acuchillado.

A pesar de su victoria, los Orsini quedaron resentidos por el ataque, y más aún, porque el Papa, lejos de haber renunciado a su proyecto, había mandado llamar al célebre Gonzalo de Córdoba.

Es claro que los Orsini tenían suficientes razones para tomar venganza: el embate comandado por el duque de Gandia, jefe de la casa de los Borgia y la desaparición del jefe de su familia, Virginio Orsini, cuya muerte en el reino de Nápoles permanecía envuelta en el misterio —se hablaba de un envenenamiento—. Con estos antecedentes, la afirmación de Marino Sanuto parece muy verosímil.

Evidentemente existen otras hipótesis sobre el asesinato de Juan Borgia; sin embargo, cabe aclarar que las reflexiones que preceden no tienen como fin establecer que César no haya sido el instigador del asesinato de su hermano, ni menos que él fuese incapaz de ellos. Sólo se ha querido hacer notar que nada autoriza para inscribir ese crimen en su cuenta y que, en suma, reflexionando respecto a ello, se encuentra que es más verosímil su inocencia en esto que su culpabilidad. Lo que no se puede negar es que César se imponía a su padre y lo dominaba.

"Alejandro amaba mucho a su hijo César, —dice un relato de la época—; lo amaba, y al mismo tiempo le temía mucho." (*Il Papa ama ed ha gran paura del figliudo Duca.*)

En toda Roma se hablaba de la fuerza sobrehumana que poseía César Borgia. El embajador veneciano, Paolo Capello, en un despacho al Senado de Venecia, fechado el 28 de septiembre del 1500, pone en su activo hazañas fabulosas, como ésta:

"En una corrida de toros al estilo español celebrada junto a la Basílica de San Pedro, César descendió a la arena vistiendo un simple jubón, sin más armas que una espada y una 'muleta'. Con este modesto equipo había dado muerte, sucesivamente, a cinco toros, y al sexto, le había cercenado la cabeza de un solo tajo." El orador veneciano añade: "Y eso le pareció gran cosa a toda la ciudad de Roma."

El Diario Cesenate, citado por Iriarte, lo confirma.

Para César, doblar una barra de hierro, romper con sus dedos una herradura, cortar una cuerda nueva, era un juego de niños. Al frente de semejante hombrezazo, el semidiós Hércules, habría parecido un muchachito. Pero tal vez esas "grandes cosas" —como dice Capello— nos inducen más bien, a no acoger de buenas a primeras las historias urdidas por los cronistas venecianos, cuyas comunicaciones no son todas de una autenticidad bien establecida.

Algunas crónicas muy fragmentadas, cuentan que entre sus cubicularios (camareros), Alejandro VI favorecía con su confianza a un joven español de nombre Pedro Caldés, o Calderón, llamado familiarmente Perotto. El joven era tan de 'fiar', que el Pontífice le encomendó la tarea de llevarle mensajes a Lucrecia cuando ésta se encontraba de retiro en el Convento de San Sixto. Dicen que estos encuentros propiciaron una relación sentimental entre los jóvenes. Parece que César descubrió estas relaciones y estranguló a Perotto entre los brazos del Pontífice, quien para protegerlo, lo cubrió con su manto blanco. "Las estocadas salpicaban de sangre el rostro del viejo Pontífice, paralizado por el temor de que su hijo hiciese lo mismo con él": se había convertido en su esclavo.

Anulación matrimonial y otra boda

La huída de Lucrecia montando a caballo para ir a refugiarse al Convento de San Sixto, fue comentada en toda Roma. Unos decían que pensaba hacerse religiosa; otros, que estaba en querella con el Papa, quien le reprochaba haber intervenido en la fuga de su marido. Eran tales los rumores que corrían por todas partes, que un informante del cardenal Hipólito del Este, en una carta del 19 de junio de 1497, no se atrevía a ponerlos por escrito.

Mientras tanto, las diligencias para la ruptura del matrimonio de Lucrecia con Juan Sforza seguían su curso. El Papa había nombrado una comisión para que se encargara de darles seguimiento bajo la dirección de dos cardenales. Estos venerables personajes 'descubrieron' que Lucrecia no había sido nunca la mujer de su marido. Fueron al Convento de San Sixto para anunciárselo a la interesada, y ésta recibió la noticia con un estallido de risa; sin embargo, Alejandro y César insistían en estar seguros de lo que afirmaban. Lucrecia, instalada en la dulce y despreocupada indolencia de su carácter, los miraba con asombro. El Pontífice y César hablaron en forma tan determinante y convincente, que ella concluyó por firmar un pergamino en el que declaraba ser "virgen todavía", como en el día de su nacimiento. Estaba lista para firmarlo bajo juramento.

Cuando en Italia se supo la noticia, no faltó quien soltara la carcajada. Por su importancia, Juan Sforza era muy conocido y se sabían sus andanzas — su primera mujer murió de parto. Él no reía. Era imposible creer que fuera un marido impotente.

Oculto tras un disfraz, corrió a Milán para pedir consejo a su tío Ludovico el Moro. Éste, que a pesar de su fama tan sombría parece haber sido un gran socarrón, le sugirió que evidenciara sus facultades viriles en presencia de Su Grandeza, el delegado de la Santa Sede. Tras reflexionarlo, Juan de Pésaro no aceptó entregarse públicamente a una manifestación conyugal. Entonces, tanto el duque de Milán como su hermano, el cardenal Ascanio, vicecanciller de la Santa Sede, le aconsejaron que mantuviera la calma ante la tempestad. "No hay nada que hacer —le dijeron—; lo mejor para ti y para todos es aceptar de buen grado lo inevitable." Finalmente, presionado por Ludovico el Moro, Juan consistió en una declaración en la cual se confesaba exquisitamente incapaz de haber sido el marido de su mujer. Su unión con Lucrecia fue oficialmente anulada el 20 de diciembre de 1497.

Y por añadidura, el desdichado se vio constreñido a rembolsar los 31,000 ducados que Alejandro VI le había entregado como dote de su hija, todo por no conformase con la propuesta que le hizo el Papa en un principio. En ese entonces, Lucrecia tenía 17 años.

Ante tanta arbitrariedad, es posible comprender el estado de ánimo del señor de Pésaro, así como su despecho y frustración. Guardaba un gran resentimiento contra el Papa, contra César y contra la misma Lucrecia que, en su débil despreocupación, se había resignado a esa declaración de impotencia, con lo cual quedaba destrozada su felicidad y le dejaba en ridículo.

Se dice que Juan Sforza era de naturaleza muy violenta, decidida y vengativa. Bastaba para probarlo su gobierno en Pésaro, en donde sus designios de venganza lo arrastraban a una extrema crueldad. Los procedimientos de Alejandro VI y de César lo habían exasperado, al igual que la conducta Lucrecia, cuya pasividad consideraba una traición. Ahora bien, él creía conocer los motivos de esas maniobras —motivos de lo más indecentes—, pues pensaba que Lucrecia podría ser la amante de ambos: la querida de su padre, el Soberano Pontífice; la querida de su hermano, el cardenal-obispo de Valencia, así como había sido la querida de su otro hermano, el duque de Gandia.

Beltrán de Costabili, obispo de Adria, 'orador' del duque de Ferrara en la corte de Milán, en una comunicación a su señor fechada 4 de junio de 1497, indica con precisión que Juan Sforza declaró formalmente a Ludovico el Moro, que si el Papa había roto los lazos que lo ligaban a él con su hija Lucrecia, era a causa de la pasión criminal que ésta le había inspirado; y que si César había hecho arrojar a su hermano, don Juan al Tíber, era por rivalidad amorosa. Estaba lejos de ser el marido que el Tribunal Pontificio había proclamado, "*anzi haver la conosciuta infinito volte, ma chel Papa non se l'ha tolta per altro se non per usare con lei.*"

Es fácil imaginar la repercusión que tuvo en toda Italia el escándalo que causaron tales afirmaciones. Novelistas, cronistas, panfletarios, informantes, 'oradores' y representantes diplomáticos; todos animaron con ellas sus prosas y sus versos. ¡Una hija, la amante de su padre!, ¡y qué padre! ¡El mismísimo Papa! Una hermana, amante de sus dos hermanos, uno de los cuales hace asesinar al otro ¡por celos!

¡Con qué precisión es posible señalar con el dedo el origen de las imputaciones infamantes que mancharon a la joven mujer en el pensamiento de sus contemporáneos, y que toda una vida de decencia y de virtud no habría logrado borrar! Estas calumnias se extenderán hasta la posteridad, transmitidas de generación en generación, amplificadas, desarrolladas, multiplicadas, exageradas, hasta el día en que encontraron en la imaginación de un gran poeta, su definitiva expresión.

III

La duquesa de Bisceglie

as miradas de los dos Borgia, padre e hijo, se volvieron hacia el reino de Nápoles, considerándolo como un feudo sobre el cual la Corte Romana tenía derecho de investidura. La dinastía aragonesa parecía quebrantarse, y ello representaba para César una feliz fortuna si le caía tan fabulosa corona en la cabeza. Sin pérdida de tiempo y para crearle derechos, Alejandro VI comenzó por pedir para su hijo la mano de Carlota, hija de Federico de Aragón, Rey de Nápoles, con el título de príncipe de Tarento como dote.

"Si el cardenal de Valencia —observa Tomasi— hubiese podido poner el pie en ese reino con una mujer de sangre real y el principado de Tarento como dote, más el poder que tenía y recibía de la Iglesia de la que ese Estado era feudatario, le habría sido fácil quitárselo al soberano, débil en fuerzas, pobre en dineros y muy poco seguro de la lealtad de sus súbditos, de los cuales una gran parte, e incluso los más poderosos, mostraban inclinaciones contrarias a los aragoneses."

Pero el Rey Federico rechazó la pretensión con altivez: "No quiero —dijo— casar a mi hija con un sacerdote, hijo de otro sacerdote." Y añadiría con muy buen humor:

"¡Salvo que el Papa comience por cambiar las leyes de la Iglesia y por hacer que el Sacro Colegio declare que un cardenal puede casarse! —¿Acaso no es César cardenal, arzobispo de Valencia y primado de España?"

La joven princesa aragonesa declaró que le repugnaba la idea de convertirse en la mujer de César Borgia. —"El matrimonio del cardenal Valencia con la hija del Rey Federico se ha desvanecido como el humo" —escribiría un 'orador' veneciano el 15 de junio de 1498.

Sin embargo, el Rey de Nápoles consideró prudente no enemistarse con el Vaticano, así que propuso unir a la bella Lucrecia con el hijo natural de su difunto hermano, Alfonso II. El Papa tuvo que resignarse a esta solución, menos brillante que la primera, pero con el pensamiento de llegar en seguida por esta misma vía, a la feliz conclusión del proyecto precedente. Seguramente a Alejandro VI no le disgustaba la idea de proporcionarle a Lucrecia el placer de un bonito matrimonio, pues el joven de quien se trataba era realmente el 'príncipe encantado'.

Después de la disolución del matrimonio con Juan Sforza, Alejandro VI había puesto a su hija bajo la custodia y los cuidados del venerable obispo de Perusa, Juan López, cardenal con el título de Santa María de Trantevere, prelado particularmente adicto a su casa. La joven permanecía siempre en el palacio del obispo de Tusculum, Bautista Zeno, cardenal con el título de Santa María del Pórtico.

El casamiento de Lucrecia con Alfonso de Aragón fue celebrado en el Vaticano el 21 de julio de 1498. Conforme a los ritos, el capitán de la guardia vaticana mantuvo su espada desnuda por encima de la cabeza de los jóvenes, cuya unión bendecía el oficiante. La espada manejada por el representante del Soberano Pontífice, simbolizaba el poder temporal y el uso de la más alta jurisdicción de que éste estaba investido. Las bodas tuvieron lugar en el palacio del cardenal Zeno, donde vivía la novia. Ella tenía 18 años; su marido no cumplía aún los 17.

Alfonso de Aragón era un amable y apuesto mancebo, muy bien parecido y con una personalidad muy seductora.

Dice el cronista Tallin, que era "el más bello adolescente que se haya visto en Roma". Ponían a su disposición los ducados de Bisceglie —o Biselli— y de Quebranta, en la tierra de Labor del reino de Nápoles, como patrimonio. Lucrecia se convertía en duquesa de Bisceglie y estaba enamorada de su apuesto y joven esposo mucho más de lo que estuvo del que lo precedió. "Seducida por su belleza —escribe el orador mantuano—, doña Lucrecia abriga por su marido una verdadera pasión."

No se fue a vivir con él a Nápoles, porque se había convenido que, una vez realizado el matrimonio, Alfonso se quedaría en Roma durante un año, y Lucrecia no dejaría el Vaticano, sino hasta después de la muerte de su padre.

Quizá con este matrimonio Lucrecia hubiera podido disfrutar de una verdadera felicidad; pero, ¿sería posible que alcanzara la dicha en el ambiente en el que estaba condenada a vivir? Sin embargo, no tardarían nuevamente en modificarse las miras de Alejandro VI en la fiebre política a que era arrastrada la Corte Pontificia por la ambición agitada de César Borgia.

El 7 de abril de 1498, fallece de manera accidental Carlos VIII en Amboise, a causa de un violento golpe en la cabeza. Su sucesor, Luis XII, tenía la intención de separarse de su mujer, Juana, duquesa de Berri, hija de Luis XI y de Carlota de Saboya, a fin de poder casarse con la viuda de su predecesor, la bella duquesa Ana. Con este matrimonio deseaba asegurar definitivamente la posesión de la Bretaña para la corona de Francia. En tales condiciones, se requería de la buena voluntad del Papa, que era quien solamente podía darle el divorcio: esto trastornaba de nuevo a la Corte Romana.

César, rechazado por la corte de Aragón, se apresuró a voltearse hacia el rival del reino de Nápoles, la casa de Francia. El 1o. de octubre de 1498, puso su vela rumbo a las costas francesas, arribando a Marsella el día 10. Luis XII le hizo una gran recepción y le confirió el título de 'Valentinois'

—no por Valencia de España, sino por Valencia del Delfinado.

Juana de Berri fue repudiada el 12 de diciembre con la aprobación pontificia, y el 8 de enero siguiente, en virtud de sus esponsales con la duquesa Ana, Luis XII añade la Bretaña a la corona de Francia. Después de esto, el Rey concede su favor al hijo del Soberano Pontífice, hacia quien estaba obligado por haber pronunciado un divorcio de tan grandes consecuencias.

César fue un hombre de inteligencia y valor que poseía en alto grado como su padre y su hermana, el arte de agradar. Acababa de guardar en el desván su hábito y sombrero rojos de cardenal, así que Luis XII lo casó el 12 de mayo de 1499 con Carlota de Albret, hermana del Rey de Navarra, y el 19 del mismo mes —día de Pentecostés—, lo condecoró con la orden de San Miguel, "entonces la más estimada de la cristiandad, pues la del Espíritu Santo no se había instituido todavía, ni la de Toisón de Oro elevada al más alto grado de gloria" —, según Tomasi.

La autoridad de la Corte de Francia servirá en delante de respaldo a la ambición desenfrenada del Borgia, a tal punto, que éste llegará a hacerse llamar no sólo por el título de duque de Valentinois, sino que, con la complacencia del Rey, 'César de Francia'. Su escudo llevará las tres flores de lis añadidas al buey de los Borgia. En adelante, se le verá vestido a la moda francesa, *more gallico*.

Con tales sucesos, no es de ext..ñar que haya surgido en los planes políticos de los Borgia un serio problema, ya que existía una gran hostilidad entre los franceses y los aragoneses del reino de Nápoles, con motivo de la reivindicación de dicha corona por el Rey de Francia. Ahora su alianza con la corona flordelisada convertía a los Borgia en enemigos declarados de los aragoneses; y el joven Alfonso, el marido aragonés de Lucrecia, con todo y su apariencia, su gentiliza y la ternura que le brindaba su joven esposa, se había convertido en uno de los personajes más incómodos para el Vaticano. César murmuraba al oído del Soberano Pontífice que era más urgente ahora deshacerse del segundo marido de Lucrecia, que antes desembarazarse del primero. Además, el Valentinois no había digerido aún la afrenta que el Rey de Nápoles le causara.

Lucrecia: Regente de Spoleto y Foligno

Asustado por la hostilidad que sentía acumularse a su alrededor, y conociendo los procedimientos de su cuñado, así como la debilidad del Soberano Pontífice por su hijo, y todo lo que le habían hecho a su predecesor Juan Sforza, Alfonso no dudó en saltar sobre su caballo y huir a rienda suelta el 2 de agosto de 1499. Alejandro envió en su persecución un buen número de jinetes que no pudieron alcanzarlo. Una carta dirigida de Roma a Venecia, fechada el 4 de agosto, anota con precisión:

"El duque de Bisceglie, marido de la señora Lucrecia, se ha fugado secretamente para refugiarse en Gennazzaro, cerca de Colonna; su joven mujer, en cinta de seis meses, está hecha un mar de lágrimas".

La huida de su esposo dejaba a Lucrecia en una situación muy penosa. Sus continuos llantos revelaban su afecto por él, y eran una conmovedora barrera frente a los reproches de su padre que la acusaba de tomar partido por su marido en lugar de por su familia. Desde Gennazzaro, en donde Alfonso se había refugiado bajo la poderosa tutela de los Colonna, llegaban continuamente correos: el duque de Bisceglie intimaba a su mujer con la orden de venir a reunírsele, como era su deber. Esos mensajes llegaron al conocimiento del Papa.

Para que disipara sus penas y distrajera sus pensamientos con el halago de su amor propio, Alejandro VI nombró a Lucrecia regente de Spoleto y Foligno el 8 de agosto de 1499. Esas ciudades y dominios dependientes de la Santa Sede, no tenían quién los gobernara y se encontraban a cargo de delegados pontificios, cardenales y hombres de edad y experiencia. Alejandro VI puso al feudo pontificio bajo la administración de una joven mujer de 19 años, cuya inteligencia y sentido práctico había, por lo demás, sabido apreciar.

Lucrecia partió el mismo día para tomar posesión de su gobierno. Iba acompañada por su hermano Jofré, último hijo de Alejandro VI con Vannoza. Cabe recordar, que Jofré se había casado en 1496, con Sancha de Aragón, hermana del joven duque de Bisceglie.

Alejandro VI quiso ser testigo de la partida de su hija, y apareció en el balcón principal del Vaticano. Lucrecia, Jofre y sus acompañantes llegaron en sus caballos y sus mulas hasta la explanada del palacio. Sin descender de sus cabalgaduras, se inclinaron ante el Pontífice quien les dio la bendición, y se quedó observando cómo avanzaba el cortejo formado por un gran número de mulas que sostenían interminables bagajes. El capitán de la guardia palatina, el gobernador de Roma y el embajador del Rey de Nápoles, acompañaron a los jóvenes y a su comitiva desde el Vaticano hasta el puente de San Ángelo, seguidos por una larga fila de hombres de Iglesia que iban procesionalmente de dos en dos. Atrás de ellos iba una gran muchedumbre de todas las condiciones sociales. El cortejo se dispersó en las puertas de la ciudad, y sólo prosiguieron su ruta las personas más cercanas a la duquesa, que formaban aún una tropa numerosa.

Como el embarazo de Lucrecia estaba ya muy avanzado, se dispuso que en una de las mulas se colocara una litera acolchonada, recubierta de tapiz carmesí, sembrada de flores y con dos cojines de damasco blanco para que reposara la cabeza. Esta litera sería transportaba por cuatro hombres en caso de que Lucrecia se fatigara de cabalgar. En el lomo de otra mula se instaló un sillón recubierto de tapicería con un taburete para pies tapizado también de seda: Lucrecia

Fortaleza de Spoleto, de la cual Lucrecia Borgia tomaría posesión en 1499, luego de ser nombrada por su padre "regente".

tendría un asiento confortable que le permitiría, si lo deseaba, ir en el lomo del animal de manera más cómoda.

Aunque por un tiempo limitado por el destino, la joven mujer de 19 años de edad se entretiene en gobernar un señorío de carácter feudal: Spoleto. Con sus dedos menudos se pone a manejar los sellos del Estado. Su joven hermano Jofré, está con ella, y muy pronto, a instancias del Soberano Pontífice, su marido en fuga vendrá a reunírsele.

Spoleto era entonces un pequeño poblado situado en Italia central, en la región de Umbría, cuya fortaleza edificada en la parte elevada del terrero muestra aún un aspecto rudo. Por el Este, el horizonte está limitado por los Apeninos; al Sur, por los montes de los Abruzzos.

La torre donde Lucrecia se hallaba instalada, domina la ciudad, y se eleva junto a un barranco profundo. Su aspecto es imponente. Las piedras macizas, aun en su tono claro (pues la construcción no es antigua), se destacan sobre un fondo verde sombrío formado por montículos boscosos. En el castillo —conservado hasta nuestros días como centro turístico—, sólo la parte construida por los arquitectos mi-

57

litares del siglo XV nos revela la morada de Lucrecia, morada de la que el edificio no guarda, por lo demás, ningún vestigio.

La pequeña duquesa de Bisceglie sólo permanece en Spoleto hasta fines de septiembre, pues el 25 de ese mes, junto con su marido, Alfonso de Aragón, y su hermano Jofré, se traslada a la pequeña ciudad de Nepi para reunirse con el Papa, quien había llegado a esa plaza con algunos prelados. Ahí, en una villa rústica, Lucrecia disfruta de algunos días de descanso: está en un ambiente tranquilo y completamente en familia.

El 1o. de octubre, el Soberano Pontífice decide volver a Roma con sus cardenales, pero el joven matrimonio y Jofré prefieren prolongar su estancia en ese lugar casi solitario, que para Lucrecia, parece tener un encanto muy especial. Poco después, su padre le concederá también ese señorío.

Su regreso a Roma se marcó el 14 de octubre. Volvía con su esposo Alfonso y su hermano, y para darle la bienvenida, el Papa envió hasta las puertas de la ciudad a los mimos y bufones de su Corte. En ese momento, Lucrecia está en todo el favor de su padre y, por lo tanto, figura como la soberana de la Ciudad Eterna: una pequeña y radiante reina.

En Roma la rodea una gran Corte en la que brillan pintores y hombres ilustres de las letras: Inghirami, Pomponio Leto y el famoso Goritz de Luxemburgo, el familiar del ilustre Reuchlin, Copérnico, Erasmo y los precursores del protestantismo alemán, Ulrich von Hutten y Lutero. Está también Perugino, quien decora los muros del Vaticano con frescos que Julio II hará recubrir por Miguel Angel, y Pinturiccio, que nos ha dejado de Lucrecia un bosquejo, que aún ahora adorna los célebres departamentos de los Borgia.

Finalmente, el 31 de octubre de 1499, Lucrecia ve estrechados los lazos que la unen a su marido, dándole un hijo al que llamarán Rodrigo, el nombre real del Papa, su abuelo. El bautismo es fijado para el día de San Martín (11 de noviembre) en la Capilla Sixtina, entonces muy diferente de lo que es hoy.

La llegada del primogénito

Como Lucrecia vivía en el palacio del cardenal Zeno, ahí fue donde dio a luz. Para este evento, la mansión fue espléndidamente decorada. Se doró la puerta principal, y fueron cubiertas con tapices y alfombras las gradas y las paredes de la escalera, así como el piso y los muros de la antecámara.

Burckard, el maestro de ceremonias del Vaticano, hace una descripción de los preparativos y del evento:

"En el salón principal, uno se habría creído en el Paraíso. El lecho de la parturienta había sido cubierto por una colcha carmesí, en donde la hermosa cabeza rubia de la joven mujer aparecía como un haz de espigas maduras en un campo de amapolas. Se colocaron sillones para las damas romanas, los cardenales y los embajadores. Más de 60 patricios vinieron a rendirle homenaje y dar sus votos a la joven madre. Luego, el cortejo bautismal se puso en camino hacia el Vaticano: cardenales, 'oradores' y embajadores, damas romanas y la muchedumbre que les seguía."

"En honor de la ceremonia, también la Capilla Sixtina había sido decorada de manera especial: fue retapizada con tela en oro y cubierto el suelo con ricas alfombras. Cardenales, representantes de los principados y de las Repúblicas italianas, así como de las potencias extranjeras, oficiales del palacio y guardias pontificales, ocupaban sus respectivos sitios, fijados con un riguroso protocolo. Las damas y damiselas de la aristocracia y del patriciado romano adornaban los asientos y las gradas más elevadas con sus brillantes *toilettes*: hormigueo de seda y de satín, de brocado de oro, de púrpura recamada de oro, de perlas, de diamantes y encajes. Tamborines, rabeles y pífanos llenaban la nave con acordes alegres.

"El niño entró en la capilla a la cabeza del cortejo, en brazos del capitán catalán, don Juan Cervillón, que comandaba la guardia pontificia. Marchaba a su derecha el gobernador de la ciudad, y a su izquierda, el 'orador' del emperador alemán. Se había colocado sobre el niño una cobija de oro forrada de armiño. Entre el altar y la tumba del Papa Sixto, en medio de la capilla, se instaló una pila de plata dorada para el agua bautismal, pero ya no le quedaba mucho oro. Provenía de Sixto IV. Después de la ceremonia, el recién nacido fue llevado al palacio del cardenal Zeno, junto a su madre."

Se sabe —gracias al *Diarium* del maestro de ceremonias— que al franquear el umbral de la capilla, el pequeño Rodrigo comenzó a llorar: "él, que en el lecho de su madre se había portado como un ángel silencioso"; sin embargo, no tardó en renacerle la calma en medio de toda aquella solemnidad, hasta el punto de soportar de manera muy gentil, las diferentes prácticas de la ceremonia bautismal, algunas de las cuales son muy desagradables hasta para el más paciente.

Terminada la ceremonia, los asistentes salieron de la capilla al toque de las trompetas, pífanos, tambores y tamborines, causando tal alboroto, que los que hablaban no oían ya su propia voz. Poco a poco la muchedumbre se fue dispersando, en tanto que los cardenales con sus hábitos en rojo vivo, volvían a montar sus respectivas mulas que los esperaban al pie de la gradería.

El día siguiente visitaron a la joven madre, dos cardenales, el arzobispo de Tarento y el canónigo de San Pedro, Accursius de Petra. En su nombre y en el de sus colegas del Sacro Colegio, le obsequiaron dos bomboneras de plata, conteniendo cada una, en vez de confituras, 600 ducados de oro.

El 1o. de enero siguiente (1500), Lucrecia, enteramente restablecida, presidía las fiestas de Año Nuevo, que esa vez tuvieron un brillo muy especial, porque el año 1500 marcaba en la ciudad pontificia, el "jubileo secular". La afluencia de peregrinos fue tan extraordinaria, que inspiró a un poeta para escribir que "la inmensidad del mundo parecía contenida en la ciudad".

Lucrecia llegó con gran pompa a la Iglesia de Letrán para decir las plegarias tradicionales; luego recorrió, una a una, las diferentes iglesias de la ciudad. Iba montada sobre una blanca hacanea con arneses bordados de plata. Su joven marido, el duque de Bisceglie, cabalgaba a su izquierda, y una dama de honor la escoltaba por la derecha. La precedían el capitán de la guardia vaticana y Ursinis Orsini, el esposo de Julia Farnesio, la bella querida pontificia. Era una larga y engalanada comparsa de 200 jinetes con sus más hermosos atavíos, la mitad precediendo, la mitad siguiendo al grupo formado en torno a la hija del Soberano Pontífice. En la parte de atrás se veía una multitud de damas pertenecientes a la alta sociedad romana, cada una al lado de un caballero elegantemente vestido.

En medio de esta magnificencia real, Lucrecia franqueó el puente de San Ángelo, en tanto que en el extremo del puente, desde una de las galerías del castillo, el Papa Alejandro VI la contemplaba con una mirada cariñosa; orgulloso y feliz de verla tan bella, honrada por todos, en un esplendor soberano.

Se dice que ante esta escena, el Papa exclamó: "¡Es feliz mi niña, feliz y gloriosa, mediante mis cuidados!" Y para la joven Lucrecia, fue éste un periodo muy corto de felicidad —seis meses.

Según unas actas fechadas los días 11 y 15 de febrero de 1500, la duquesa de Bisceglie adquiere de la Cámara Apostólica, es decir, de los Estados de la Santa Sede, los dominios y señoríos de Sermonetta, Bassano, Ninfa, Norma, Tivera, Cisterna, San Felipe y San Donato, que Alejandro VI (septiembre de 1499) les había despojado recientemente a los Gaetani, "por dolo y por fraude —dirá Julio II (24 de enero de 1504)—, en un deseo desordenado y desenfrenado de enriquecer a sus parientes sin respetar la desgracia de los demás". Después de haberlos adquirido, Lucrecia tomará en sus manos la administración de todos ellos. Los historiadores reconocen que tanto las poblaciones de Sermonetta, como las de Spoleto y de Nepi, así como las demás que ella administró, conservan su huella.

Otra infamia de César

El día siguiente de la celebración del "jubileo pontifical", el 15 de julio (1500), alrededor de las 11 de la noche, Alfonso de Aragón llegó al Vaticano. Subió las gradas para llegar a la explanada que está al pie del edificio, y ahí lo sorprendieron cuatro hombres enmascarados que lo apuñalaron varias veces, creyendo todos que estaba muerto.

Los sicarios actuaron con rapidez y creyendo cumplido el atentado, se reunieron a una cuarentena de jinetes que los esperaban al pie de la escalinata y con ellos huyeron de Roma. Se les vio pasar por la puerta de Pertusa.

Como la unión de Lucrecia con el duque de Bisaglia había sido favorecida con el nacimiento de un hijo, era muy difícil desbaratarla. Por lo tanto, no le quedaba a César Borgia otro camino que deshacerse de esa manera de un cuñado que le estorbaba, y poder así disponer nuevamente de su hermana para sus fines diplomáticos.

Alfonso no murió entonces, pero tenía heridas graves en el cráneo, en el brazo derecho y en las piernas; sin embargo, pudo levantarse una vez que sus agresores hubieron desaparecido y arrastrarse hasta la residencia pontificia. "Estoy herido gravemente" —dijo al entrar.

En ese momento Lucrecia se encontraba junto a su padre, y al ver aparecer a su marido cubierto de sangre, lanzó un grito y se desvaneció sin conocimiento. El cardenal López, allí presente, consideró tan grave el estado del herido, que le dio la absolución con las preces destinadas a los agonizantes.

Los días que siguieron, Lucrecia, ardiendo en fiebre, consigue apenas mantenerse en pie; no obstante, se dedica con abnegación a su papel de enfermera y rodea a su esposo de los más asiduos cuidados, permaneciendo en su cabecera, asistida en su tarea por su cuñada doña Sancha. Los cronistas contemporáneos hacen notar que ellas mismas preparaban y hacían cocer los alimentos para el herido, en el temor, sin duda, de que el veneno no viniera a completar la obra que el puñal había dejado inconclusa. El Papa, por su parte, hacía custodiar al enfermo por seis de sus lacayos; y de Nápoles, el Rey Federico envió a su propio médico, *messire Galieno* para atender al joven príncipe.

El marido de Lucrecia escapó de la muerte, pero acusó del crimen a César, su cuñado. Poseído por la indignación y rabioso por vengarse, el duque de Bisceglie, todavía convaleciente del atentado, disparó una flecha contra César en ocasión de que éste paseaba descuidado de los jardines de Vaticano.

Esto fue bastante para que César ordenara su muerte, pero antes tuvo el descaro de visitar a su víctima. Conversó un instante con Alfonso y al dejar el dormitorio, exclamó en voz alta: "¡Lo que no se ha hecho con la comida puede hacerse a medianoche!". Y en seguida se dirigió al orador veneciano con estas palabras: "No fui yo quien dio el golpe; pero si lo hubiera hecho, habría sido de justicia."

Los días corrían y el herido recuperaba su salud. Al trigésimo cuarto día después del atentado, el 18 de agosto (1500) hacia las nueve de la noche, el duque de Valentonois entró tranquilamente al cuarto donde descansaba Alfonso, y despidió fríamente a su hermana y a Sancha que lo cuidaban. Después hizo entrar a un tal Micheletto Corella, a quien mantenía en la antecámara, y le ordenó estrangular al joven príncipe en su presencia.

Sin cantos ni plegarias, en medio de un silencio de muerte, el cadáver fue llevado a la Iglesia de San Pedro, en donde fue inhumado.

Una vez consumado el crimen, César no pensó en disimularlo. Al contrario, se vanagloriaba de ello: "Él quería matarme —repetía con arrogancia—; había disparado en contra mía un día que entraba yo en los jardines. ¡Nunca más volverá a repetirlo!"

El Papa Alejandro VI jamás habló sobre el terrible drama. De hecho, en la misma Roma no se volvió a hablar de ello, al menos en voz alta, "por miedo" —escribe el 'orador' veneciano Antonio Capello—: *"Si che tuta Roma ne parlo; ma non si osava parlare apertamente per paura."*

En cuanto a Lucrecia, el golpe debió ser terrible para ella, por lo que ruega a su padre que la deje por algún tiempo alejarse de Roma, y en el colmo de la amargura se encierra en el castillo de Nepi, donde permanece hasta el otoño

Tomasi, nuestro cronista italiano, habla de la aflicción de Lucrecia:

"El asesinato de su marido fue muy desagradable para la señora Lucrecia, aunque estuviera ya acostumbrada a cambiar de marido según fuera el capricho o el interés de los suyos, siendo éste el tercero (el autor añade a don Gasparo de Aversa al número de maridos de Lucrecia). Pero un procedimiento tan violento y tan doloroso para convertirla en viuda, la perturbó mucho. Fue por lo que no ocultó su congoja, sino por el contrario, atestiguó su resentimiento para con toda la Corte y se retiró a Nepi, seguida de su casa y de 600 caballeros en donde permaneció hasta que el tiempo, que es el único médico de esas pasiones, la obligó a pensamientos menos amargos."

Y Gherardi, en su *Diarium Romanun*, describe el lugar a donde la joven viuda fue a buscar esos pensamientos más dulces:

"Del gran palacio de Nepi quedan sólo dos torres enormes dentro de esa pequeña ciudad poblada de conventos, en el seno de una comarca triste."

"Estaba en la Etruria volcánica, donde hay barrancos, sombríos bosques de encinas, de donde emergen negros peñascos de cimas abruptas, y donde los torrentes saltan armando un gran estruendo. En la soledad pintoresca, la campanilla argentina de los pinos y la aguda flauta del pastor de sombrero puntiagudo, rompen con su canto rústico el murmullo continuo de la naturaleza...".

Algunos cronistas de la época reprochan a Lucrecia su pasividad ante el asesinato de su esposo; pero ante el verdadero rostro de esta mujer, desventurada e infeliz, ¿podría esperarse que reaccionara de otra manera? El mismo Ferdinando Gregorovius dice que "no se le podían exigir las manifestaciones y el impulso sublime de un alma superior, desde el momento que carecía de semejante alma". Lucrecia poseía un alma pequeña, menuda, hecha de gracia y de una gentil sensibilidad, que no tendía ni a la elevación ni a la profundidad. Nos la imaginamos en esta circunstancia, replegada sobre sí misma, en la perturbación y el desamparo, atemorizada como una avecilla sorprendida por la borrasca.

Parece, no obstante, que en esos momentos sí hizo sentir su protesta. ¿Qué pasó entre ella y su padre? ¿Exigió que su marido fuera vengado? ¿Rechazó el Papa su demanda? El 'orador' veneciano, Paolo Capello, escribe por esas fechas:

"Dona Lucrecia, sabia y liberal persona, gozaba antes del favor del Papa; ahora el Papa ya no la ama."

Y en la pequeña ciudad de Nepi, entre las espesas, altas y sombrías cortinas de su viejo torreón, en una fría soledad, rodeada de algunos rostros familiares, Lucrecia puede soñar con el hermoso joven que, durante tres años fue su amado esposo y la hizo madre. En el castillo de Nepi evoca recuerdos todavía vivos, pues el año anterior había llegado hasta allí con aquel que tanto lloraba.

Sus detractores la han acusado por lo efímero de su dolor. En esto también hay que tomar en cuenta su débil carácter, la educación que recibió. Se hizo extraña a la pasión, a la gran pasión que penetra hasta las entrañas, que trastorna y que se admira... en los otros. Sus sentimientos eran más bien superficiales, y parecía haber sido creada y puesta en el mundo sólo para esparcir gracia y alegría: un papel que nos parece, por lo demás, que le quedaba muy bien.

Como el clima de la región de Nepi no favorece a la salud en los meses de otoño, a causa de las emanaciones de las gargantas húmedas, muy temidas aún en nuestros días, Alejandro VI hizo regresar a su hija al Vaticano en octubre: César había dejado Roma.

Es cierto que apenas cumplido el año de luto, Lucrecia estaba atrapada de nuevo en el torbellino de la vida de esplendor que le señalara su destino. Reaparecía despreocupada y vivaz en el excitante mundo cortesano al que estaba acostumbrada: ebrio de lujos y placeres; entre gente que

cantaba, bailaba, bebía y coqueteaba incesantemente con el amor. Se le veía revolotear en el centro de toda esa gente, ataviada como una pequeña hada, riendo como una chiquilla y mostrando su bella sonrisa a todo aquel que elogiaba su belleza. Nadie pensaría que 12 meses antes había vivido un drama sangriento que le había llevado a la viudez.

Fortaleza de Nepi, regalo de Alejandro VI para su hija en 1499. Lucrecia vivió allí después de la trágica fuerte de su segundo marido, Alfonso de Aragón.

IV

Lucrecia viuda

En Roma, se habla constantemente de la bella Lucrecia, tratando de encontrar el mejor modo de aprovecharse de su viudez para los consabidos fines políticos. El Papa y el Valentinois, dudan entre numerosos pretendientes, algunos de ellos notabilísimos: Luis Ligny, primo del Rey de Francia; Francisco Orsini, duque de Gravina, y Octaviano en Colonna. A la postre, prevalecerá la candidatura del primogénito de Ercole de Este, duque de Ferrara, Alfonso, viudo de una Sforza.

Entre tanto, Lucrecia pasa un corto tiempo de viudez que estaría marcado por tres acontecimientos: el primero es en apariencia, inconcebible; el segundo, causará un escándalo; y el tercero, contribuirá a dar a la joven mujer la reputación de criminal que ha conservado hasta nuestros días.

El 27 de julio de 1501, el Papa dejó Roma encabezando una fuerza armada, llevando escribas y procuradores legislativos, con el fin de viajar hasta la pequeña ciudad de Sermonetta, cuyo señorío, la Cámara Apostólica, había vendido a Lucrecia el 12 de febrero de 1500. Sermonetta se encontraba en el centro de una región en donde Alejandro se había propuesto despojar de sus castillos y propiedades a hidalgüelos y barones locales, con pretextos quizá poco loables. Sermonetta era feudo de los Gaetini, y Gennazzaro feudo de los Colonna. También estaban Castel Gandolfo y otros. Con esas conquistas legales —las llamamos así, porque se hacía intervenir a procuradores de la ley—, el Papa había formado un señorío, mismo que concederá el 1o. de octubre de 1501 con el título de duque de Sermoneta, a su nieto Rodrigo, hijo de Lucrecia con Alfonso de Aragón.

La gestión era parte de un proyecto de centralización y unificación de los estados romanos que el mismo Papa había concebido, y que formaría el primer escalón de la grandeza de su familia, junto con la del papado, para coronarse con la unificación de Italia. Esto, por supuesto, bajo la autoridad de la Iglesia, encarnada en los Borgia.

Al dejar Roma, el Papa confió la administración de los negocios pontificios y el cuidado de la Iglesia a... su hija Lucrecia. El maestro de ceremonias, Burckard, habla precisamente de ello en su famoso *Diaurium*:

"Antes de salir la ciudad, Su Santidad confió el palacio entero y la expedición de los asuntos corrientes a la señora Lucrecia, su hija; le dio poder para abrir las cartas que enviaran a Su Santidad. En los casos difíciles, la señora Lucrecia deberá pedir consejo al cardenal de Lisboa."

Suplente pontificia

Éste es uno de los hechos que en la historia de Alejandro VI y de su hija Lucrecia, ha producido una gran conmoción, aun cuando se haya tratado solamente de vigilar asuntos temporales y asuntos civiles, ya que el dominio espiritual de la Iglesia quedaba fuera de las atribuciones de la joven. Lucrecia estaba, en suma, subordinada al cardenal de Lisboa, y el Papa conocía el espíritu reflexivo y prudente de su hija, así como su buen sentido práctico. Como se ha visto ya, ella se había desempeñado bien en un papel semejante durante su estancia en Spoleto.

Ahora bien, si Lucrecia no hubiese respondido a la tarea que se le encomendara, o bien, si hubiera cometido alguna torpeza, seguramente que Burckard lo habría anotado en su *Diarium*.

A manera de ejemplo, a continuación se reproducen algunos detalles sobre ese famoso gobierno pontificio de Lucrecia Borgia:

"Un día la joven se encontraba ante un asunto que le parecía tan grave como difícil de resolver. Inmediatamente, siguiendo el consejo paterno, hizo venir a Jorge Costa, cardenal de Lisboa.

"Eminencia —le dijo—, Su Santidad me ha dicho que si mi administración se encontraba ante un caso grave y embarazoso, tendría que pedir vuestra opinión. —Y le enseñó el asunto del que se trataba.

"El cardenal examinó el asunto y concluyó por reír. —Pero esto no tiene importancia —exclamó—, sin embargo, cuando Su Santidad somete algún asunto al Consistorio, el vicecanciller, o en su lugar, cualquier cardenal, pone por escrito el proceso verbal de la deliberación. Creo que sería útil que nosotros también tengamos aquí, un secretario que ponga nuestra resolución por escrito.

"Pero yo sé escribir —contestó Lucrecia.

"Muy bien —prosiguió el cardenal— ¿dónde está la pluma? —Y apenas podía contener su seriedad.

"Lucrecia vio que él bromeaba. Y ambos se rieron y terminaron el asunto como se debía.

Parece ser que de aquella relación circunstancial nació una gran simpatía del cardenal de Lisboa hacia la joven mujer. Sobre esto, él dará testimonio más adelante. No obstante, no se pudo evitar el escándalo que dio Lucrecia al dirigir los negocios de la cristiandad.

El baile de las castañas

Otro asunto que por su naturaleza causó un tremendo escándalo en toda Roma, y que repercutirá hasta la posteridad, tiene como tema una ignominiosa fiesta en el Vaticano.

En la escena de Burckard, aparecen 50 *cocottes* —mujeres de la vida galante— entregándose a los más alegres regocijos. La descripción que hace de ello, está fechada el 31 de octubre de 1501, y la presenta rica en detalles vergonzosos: escenas libertinas, en donde las mujerzuelas y la servidumbre del Vaticano se habían mezclado en contactos repugnantes, a la vista del Soberano Pontífice, de César y de Lucrecia, que habían prometido recompensas a los más valientes.

Paris de Grassis que desempeñaba junto con Burckard las funciones de maestro de ceremonias de la Capilla Pontificia, le comentó a su colega, refiriéndose seguramente a alguno de los Borgia: "No tiene nada de humano; es un ser más brutal que todas las bestias, muy rencoroso y lleno de envidia."

Parece ser que el célebre maestro de ceremonias Burckard se placía en todo lo que fuera obsceno. Un ejemplo de esto, es que insertó en su *Diarium* historias de confesionarios, cuyos contenidos coinciden en cuanto a su morbosidad y falta de pudor.

En la famosa descripción de la orgía vaticana del 31 de octubre de 1501, se percibe una gran imaginación. Seguramente Burckard no fue testigo del espectáculo que detalla con tanta complacencia. Los comentarios de los cronistas de la época se refieren a una fiesta bastante libre dada en el Vaticano, no por el Papa, sino por César en sus departamentos privados, y parece que alguien, conociendo los gustos escatológicos del maestro de ceremonias, se complació, por divertirse, en servirle un relato para hacer enrojecer al más inmoral de los hombres y Burckard se creyó la historia.

A esta famosa fiesta se le asignó el nombre de "baile de las castañas", porque según dice Burckard, entre otras diversiones, Alejandro VI, César y Lucrecia habían hecho correr ante ellos a un grupo de mujeres desnudas, en cuatro patas sobre el piso y entre antorchas encendidas, a la caza de las castañas arrojadas previamente. Y la carrera de las castañas sería lo más decente de lo ocurrido aquella noche.

Una de las razones por la que se afirma que las escenas descritas por Burckard son falsas, es una incoherencia con la realidad. Cualquiera que sea la concepción que se tenga de la moralidad de Alejandro VI, de César y de Lucrecia, existe un punto fuera de discusión, y éste es la distinción de sus propias personas, el encanto, la finura en los modales que caracterizaba a los tres; distinción que impide admitir, no se diga como feas y sucias, a las dibujadas en el *Diarium*, que ni siquiera ellos podían soportarlas.

Los relatos de los 'oradores' florentinos, quienes según fuentes de información, estaban mejor documentados sobre la vida mundana de la Corte Pontificia, contradicen a Burckard, pues mientras éste habla de meretrices callejeras y la servidumbre, Matarazzo, en su crónica, se refiere a damas y señoras de la Corte, lo que hace inadmisibles todavía más las escenas vulgares descritas por el maestro de ceremonias. Otros, como Francesco Pepi y Francesco Capello, dicen simplemente que algunas cortesanas fueron invitadas por César Borgia a su departamento privado del Vaticano, y que con ellas él y el Papa se divirtieron y rieron toda la noche. Ni uno ni el otro señalan la presencia de Lucrecia.

L. Thuasne, en su prefacio sobre el *Diarium*, hacía ya esta observación: "Causa asombro la presencia de Lucrecia en esos momentos; sobre todo porque siendo desde hace dos meses la novia de Alfonso del Este, se mantenía en el mayor recato."

Como se dijo al principio de este capítulo, Alfonso del Este había sido elegido por los Borgia como el candidato idóneo para marido de Lucrecia. La casa de Este, que reinaba en Ferrara, era una de las más antiguas y de las más respetadas de Italia. La Corte de Ferrara sobresalía por su dignidad y decencia, y tanto Ercole, duque de Ferrara, como su hijo mayor Alfonso, eran considerados hombres de gran valor por su inteligencia y carácter. Evidentemente la familia había puesto algunas dificultades para aceptar a Lucrecia como prometida del heredero de su corona ducal. Mantenían en Roma observadores que se mezclaban en todos los círculos, penetraban en todos los medios, escuchaban, ávidos de recoger noticias, diferentes rumores y conservaciones que transmitían inmediatamente a su señor.

La orgía del Vaticano tuvo repercusiones no sólo en Roma, sino —como lo anota Matarazzo— en toda Italia, e indudablemente los informantes del duque de Ferrara oyeron hablar de ella. Si le hubieran informado que Lucrecia había estado mezclada en las bacanales escandalosas de los Borgia, con toda seguridad el compromiso de la joven habría sido anulado.

Sin embargo, estos informante, le escriben desde Roma al duque Ercole de Este, con fecha 22 de diciembre, menos de dos meses después de la orgía en la que supuestamente Lucrecia había tomado parte:

"Mientras más estudiamos a la señora Lucrecia y más atentamente consideramos los detalles de su vida, más nos sentimos penetrados de su bondad, de su decoro, de su modestia, de su discreción. La vida que lleva en su casa es no sólo la de una cristiana, sino la de un alma ferviente y religiosa."

Y a manera de conclusión, L. Thuasne dice en sus observaciones respecto a la orgía del 31 de octubre:

"Hasta que estemos mejor informados y se descubran testigos honorables, hay que apartar a Lucrecia de toda crítica."

Así pues, de acuerdo con las deducciones que preceden, la presencia de Lucrecia en la orgía del Vaticano es inverosímil y reposa en una base tan incierta, que es inútil tomarla en serio. Para terminar con este tema, se exponen las opiniones de dos estudiosos de la época:

Henri de l'Epinnois escribe en su estudio publicado por la *Revue de Questions historiques*:

"El Papa Alejandro VI tuvo hijos mediante un comercio ilegítimo, eso es lo cierto; pero se le ha acusado sin pruebas de haber convertido el Vaticano en un teatro de orgías que harían palidecer a los más lascivos espectáculos en que se pudiera soñar."

Y Reumond en el *Archivio storico* italiano:

"Puercos relatos de orgías vaticanas, antes repetidos muy a menudo, hoy casi unánimemente son rechazados por aquellos que conocen el carácter de las habladurías de aquella triste época."

Giovanni Borgia

El tercer hecho que marca la viudez de la duquesa de Bisceglie, consiste en dos bulas selladas por Alejandro VI, el 1o. de septiembre de 1501, actualmente conservadas en los archivos de Módena. Por la primera, el Papa declara que un niño de nombre Giovanni —al que confiere el título de duque de Nepi, pero que es llamado generalmente por los historiadores el Infante romano—, es hijo de César Borgia. Por la segunda de esas bulas, el Papa declara que ese niño, hijo de César Borgia, es su propio hijo.

De esas famosas actas, se reproduce una traducción compendiada. En ellas, el Papa le habla a Giovanni Borgia, un *bambino* apenas salido de nodriza.

"*Alejandro, obispo, servidor de los servidores de Dios, al caro hijo, noble Giovanni de Borgia, Infante romano, salud y bendición apostólica.*

"*El vicio de su nacimiento no desprestigia a los niños ilegítimos, cuando los indicios de los efectos probables hacen esperar que, en los años por venir, se convertirán en hombres de bien y harán honor a las brillantes cualidades y a la atracción de los autores de sus días; el brillo de la virtud borra la mancha del naci-*

miento, y la pureza de las costumbres hacen desaparecer la vergüenza original.

"Tú, a quien nosotros creemos por testimonios dignos de fe, el hijo de nuestro caro hijo César Borgia de Francia, duque de Romaña y de Valencia, capitán de nuestros ejércitos y de los de la Santa Iglesia — de la que es el gonfaloniero — de edad de tres años, tú recompensarás largamente en el curso de los años, por la honestidad de tu vida, por la virtud de la probidad, lo que hay reprensible en tu nacimiento; así queremos, de nuestra propia y sola iniciativa, de ciencia cierta y en virtud de nuestra autoridad apostólica, que puedas heredar ciudades, dominios, ducados, condados, baronías, tierras, castillos, localidades, palacios, casas, propiedades y otros bienes del duque César y de su hermano y de su hermana, así como de todos tus parientes, sucederles en todos sus derechos y ser investido de todos los honores, dignidades, magistraturas y oficios de que ellos están provistos y desempeñar sus funciones, y ello, por el hecho de la ascendencia del dicho duque César.

"Por la autoridad apostólica de los presentes y por gracia especial, te legitimamos, restituyéndote todas las ventajas de un buen nacimiento y sin que sea necesario recurrir a ninguna otra formalidad...

"Y que a ningún hombre le sea permitido contrariar, con una audacia temeraria, esta página en que se inscribe nuestra dispensación, favor, legitimación, restitución, reintegración, declaración, concesión, liberalidad; en el caso de que algún audaz osara contravenir a ello, la indignación de Dios Todopoderoso y de los bienaventurados apóstoles Pedro y Pablo caería sobre él.

"Dado en Roma, dentro de San Pedro, el año de la encarnación 1501, 1o. de septiembre, décimo año de nuestro Pontificado."

El texto de la segunda bula, fechada el mismo día y en el mismo lugar, es el siguiente:

Alejandro, etc., al noble y caro hijo Giovanni de Borgia...

"Por acta de este día, hemos establecido que, no obstante el vicio de tu nacimiento, como hijo de nuestro noble hombre César Borgia de Francia, duque de Romaña y de Valencia nuestro gonfaloniero, tú podrás suceder en todos los derechos, atributos y *privilegios del dicho duque, y te hemos legitimado, dándote todos los derechos y prerrogativas de un buen nacimiento; pero, como de ese vicio de nacimiento sufres, no por causa del susodicho duque, no por causa nuestra, y de una mujer libre (de los lazos del matrimonio) — lo que, por buenos motivos no hemos querido expresar en susodichas letras, en temor de que, por ese hecho, tú puedas ser ulteriormente molestado — con nuestra propia autoridad, por el tenor de las presentes, ordenamos que todos los favores, legitimaciones, reintegraciones, restituciones a ti acordadas, y estipulaciones por las letras precedentes, conserven su valor tanto en materia de sucesiones como de cualquiera otra. Y si ocurriera que ulteriormente en cualquier carta o acto, tú seas designado como hijo del dicho duque (César Borgia), nosotros declaramos, en la plenitud de nuestra autoridad, que ningún error ni prejuicio podrá sobrevivir para ti ni resultar por ello una derogación de las presentes letras.*

"*Todo lo que por nosotros, por la Santa Sede, por dicho duque, por su hermana y todos los otros, haya sido o sea estipulado o hecho, en el pasado o en el porvenir, en tu favor, en el caso mismo en que seas en ello designado, o considerado como hijo de dicho duque, tendrá la misma fuerza y la misma eficacia que si fueras nombrado hijo nuestro y no del duque de Valencia.*

"*Y esto no obstante toda constitución, reglamentación apostólica o ley imperial, o alguna estipulación que pudiese encontrarse en las letras precedentes.*"

Y termina con una repetición de la fórmula, haciendo un llamado a los rayos divinos y a los de los bienaventurados Pedro y Pablo sobre la cabeza de todo contraventor.

Estos actos inspiran al sabio Émile Gebhart para exponer las siguientes reflexiones:

"Sobre este Giovanni que Lucrecia, convertida en duquesa de Ferrara, educará en su Corte en calidad de hermano, reposa el más doloroso misterio de la vida de Alejandro VI, así como de César. En 1498, Lucrecia había, en efecto, dado a luz un hijo, cuyo nacimiento coincide exactamente con las fechas que indican las bulas de 1501. Varios otros actos de la Corte Vaticana en 1502, atribuyen todavía esta paternidad a César. Esa doble confesión de paternidad —añade Gebhart—, esa confusión contradictoria, nos permiten indicar solamente los términos del triste problema, sin procurar resolverlo."

En resumen, en el pensamiento del eminente historiador, podría existir alguna razón para suponer que el Infante romano habría sido el hijo, ya sea de Alejandro VI y de su hija Lucrecia; o de César y de su hermana; ya que Alejandro y César —según lo propaló Juan Sforza— habrían sido entonces los amantes de Lucrecia.

Por lo demás, éstas no dejan de ser más que simples hipótesis, aceptables o no, y que reposan sólo en el hecho de que en febrero de 1498, menos de un año después de su separación de Juan Sforza, Lucrecia habría tenido un hijo. Desgraciadamente para la hipótesis y felizmente para la memoria de Lucrecia, ésta no tuvo ningún hijo en 1498. Los únicos testimonios de esta pretendida maternidad consisten en dos cartas, una de las cuales la dirigió el representante del duque de Ferrara, el 15 de marzo de 1498, ante la Serenísima República, y no está fechada en Roma donde no se encontraba, sino en Venecia. En esta misiva, le dice que "venía de Roma el rumor de que Lucrecia había tenido un hijo".

Como hace notar Luis Gastine, los cronistas venecianos en Venecia, los informantes venecianos en Roma y los 'oradores' de la Serenísima República, se mostraban sistemáticamente hostiles a la Santa Sede y a los Borgia. "Recogen para lamentar su pluma, todos los chismes, habladurías, rumores e invenciones que en contra de Alejandro VI y de los suyos, circulan en los salones y en las calles. ¡El papel de Paolo Capello era el de calumniar lo más posible a César Borgia y a su familia! —calumnias que no se encuentran en ninguna de las comunicaciones de los embajadores de Francia, de Alemania, de España o de Inglaterra."

La segunda carta tampoco fue escrita en Roma, donde de igual manera no estaba, sino desde Bolonia, por Cristóbal Poggio, secretario del tirano Bentivoglio. Está dirigida al marqués de Mantua, y dice que le informaban de Roma que Perotto, primer camarero del Papa, estaba en prisión por haber hecho madre a Lucrecia Borgia.

Hay que considerar que en esa época, la ciudad de los Papas era el foco principal de la noticia. Se contaban historias de lo más fantásticas y absurdas, haciendo hincapié en las más escandalosas y obscenas; noticias de las que los 'oradores' italianos, ávidos de transmitir a sus poderdantes hechos sensacionalistas, se hacían los más complacientes ecos.

"—¡Dicen en Roma que Lucrecia ha dado a luz un hijo!—". Pero en Roma no se encuentra ningún rastro. Burckard, siempre atento a anotar hechos de ese género en su *Diarium*, sobre todo si se trata de la hija del Papa, no dice una palabra de ello. Fue fácil decir en Roma que Lucrecia era la querida de su padre o de su hermano, porque en 1489 tuvo un hijo, que en realidad no tuvo, y cuyo padre, por lo demás había sido el camarero Perotto, hijo al cual se referirían con la mejor voluntad, las bulas contradictorias publicadas por el Soberano Pontífice en 1501.

Mirando las cosas de más cerca, se ve que la primera de esas indagaciones, por el hecho mismo que iba dirigida al duque de Ferrara, fue ciertamente señalada sin fundamento. En ese otoño del año 1501, se negociaba el matrimonio de Lucrecia con Alfonso de Este, el hijo mayor del duque de Ferrara y su heredero. Al casarse con Alfonso de Este, Lucrecia se convertiría en duquesa de Ferrara y daría al trono de Ferrara sus futuros soberanos. El duque Ercole era un hombre de un alto valor moral, de noble carácter, orgulloso de su casa, la más antigua y la más honrada de Italia, como ya se ha hecho notar; su hijo, a quien trataba de volver a casar, era viudo de la cuñada del emperador de Alemania;

Luis XII le había prometido la mano de Luisa de Saboya, la joven viuda del conde de Angulema, la propia madre de Francisco I. ¿Es razonable que de haber dado importancia a los chismes recogidos por su embajador veneciano, hubiera consentido en colocar en el trono de sus abuelos a una joven que de por sí tenía en contra ser la hija natural de un sacerdote, y que, por añadidura, había dado en esos mismos días semejante testimonio de desvergüenza y de inmoralidad? Y aún con mayor razón, porque Ercole de Este era el último en ignorar los rumores afrentosos difundidos en desmedro de Lucrecia, pues precisamente a él había sido dirigida la famosa carta de su representante en Milán, trasmitiendo la conversación de Juan Sforza con Ludovico el Moro.

La segunda carta no es más digna de crédito; en primer lugar, por la falsedad de las circunstancias. En esa época, Perotto no estaba en prisión. ¿Lo estuvo alguna vez? Además, iba dirigida a Francisco de Gonzaga, marqués de Mantua, yerno del duque de Ferrara. Francisco de Gonzaga es el que más abogará por el matrimonio de Lucrecia con su cuñado Alfonso de Este. Los veremos a él y a su mujer Isabel distinguir a Lucrecia, ya casada, con toda su estima y afecto.

Cabe añadir que Luis XII, hombre muy honrado también, se interesó mucho por la realización del matrimonio de Lucrecia con Alfonso de Este. ¿Hubiera insistido en esta unión, como lo hizo, si Ercole de Este lo hubiera informado de la mala conducta de su protegida? Ni uno ni otro se habrían atrevido a poner una 'ramera' sobre uno de los tronos más respetados de la cristiandad.

Por último, el conde de Maricourt, en su *Procés des Borgia* señala esta oportuna comprobación:

"La anulación del matrimonio de Lucrecia con Juan Sforza fue pronunciada el 20 de diciembre de 1497; si Lucrecia hubiera dado a luz un niño en marzo de 1498, la anulación del matrimonio, fundada en la impotencia del marido, no hubiera sido pronunciada."

Por su parte, Lucrecia, muy lejos de participar en fiestas licenciosas en el Vaticano y de dar a luz a hijos naturales, gozaba en esas fechas, al menos en la mejor sociedad romana, de una gran consideración. ¿Se quiere otra prueba? Sabemos por una carta que data del 8 de noviembre de 1500, escrita por el 'orador' florentino adjunto a la Santa Sede, Francesco Capello, que el cardenal Orsini estaba muy enojado con Alejandro VI, quien acababa de comprometer a Lucrecia con Alfonso de Este, pues su sobrino, el duque de Gravina, se había anticipado a solicitar al Papa la mano de su hija, y ésta lo había prometido: ¡el noviazgo era, sin embargo, con el heredero de la corona de Ferrara! Gravina, muy afectado, dejó la ciudad.

Convertida en duquesa de Ferrara, Lucrecia educará al Infante romano en su Corte, llamándolo su hermano, lo que era más verosímil. Y éste es un argumento, no a favor sino en contra de su maternidad. En Ferrara no tendría junto a ella a su hijo Rodrigo, legítimamente nacido de su enlace con Alfonso de Aragón. Lo confiaría a su padre Alejandro; podría educar entre sus hijos legítimos nacidos de su matrimonio con Alfonso de Este, al niño que habría tenido de su padre o de su hermano. Carlos Iriarte arguye al respecto:

"Algunos historiadores han insinuado que el Infante romano podría ser el fruto del incesto, nacido de Lucrecia; pero su presencia en la Corte de Ferrara, la protección que le brinda Alfonso de Este, un hombre en extremo violento, muy bien informado de los hechos concernientes al Pontífice, y de aquella que debería ser un día su mujer, no permiten admitir esta hipótesis."

Por otro lado y de acuerdo con la historia del informante veneciano del duque Ercole, también se podría admitir que Alejandro VI no quiso criar en el Vaticano un hijo natural que había tenido siendo Papa —Vannozza le había dado a

César, a Lucrecia y a Jofré antes del pontificado— y que por eso se lo confió a Lucrecia, encargándose a cambio de la educación del pequeño Rodrigo.

Recordemos que en el curso de su segunda bula, Alejandro VI dice que el Infante Giovanni ha nacido de él y de una mujer libre (de los lazos matrimoniales) de *muliere soluta*. Ferninando Greforovius traduce esos dos términos por 'mujer no casada' y de ellos concluye: "Julia Farnesio no puede haber sido la madre de Giovanni."

Iriarte, por el contrario, traduce las dos palabras por 'mujer casada', y deduce la maternidad de Julia.

Sin aceptar la traducción de Iriarte, es mejor inclinarse a la siguiente deducción: las palabras *solutus, soluta*, significan precisamente 'desunido, separado'. La expresión *solutum conjugium* se aplicaba a un matrimonio disuelto. El francés de ese tiempo decía '*mariage soulu*'. Por lo tanto, *soluta mulier* significa 'mujer separada de su marido': Julia Farnesio.

Resta por explicar la contradicción que se encuentra entre las dos bulas de septiembre de 1501. Gregorovius lo hace de manera muy juiciosa:

"Las leyes canónicas prohibirían al Papa reconocer a un hijo nacido durante su pontificado. Alejandro quería legar al Infante romano, su hijo, bienes que él consideraba como bienes de familia y colocarlo, aunque nacido durante su pontificado, al mismo nivel de sus demás bastardos nacidos de Vannozza Catanei y reconocidos por él. Allana la dificultad declarando en una primera bula, hijo de César, al niño en cuestión; luego, hallándose bien establecido de esa suerte el estado civil del *bambino* y éste bien legitimado para prevenir posibles complicaciones ulteriores, le mantiene todos los derechos acordados en la bula precedente, al mismo tiempo que confiesa que Giovanni es su propio hijo."

Este punto de la vida de Lucrecia Borgia tenía que ser esclarecido. Ése era justamente el misterio del cual —como

80

lo hacen notar Gregorovius y Gebhart—, podrían tomar consistencia las imputaciones más afrentosas. Para mantener a ese misterio en su carácter misterioso, sería necesario, nos parece, hallarse dotado de una buena, o más bien, de muy mala voluntad.

V

La novia de Alfonso de Este

En la lucha que perturbaba a Italia, Luis XII y César Borgia, se habían unido para combatir del mismo lado. El marqués de Mantua obraba secretamente contra los franceses, pero sus maniobras salieron a la luz, cuando César y los franceses triunfaron. En esos momentos, Francisco de Gonzaga comprendió que su salvación dependía de los Borgia. Se había casado con Isabel de Este, hija del duque de Ferrara, quien era el más firme y fiel aliado de Francia. El heredero de la corona de Ferrara, Alfonso de Este, había perdido a su mujer, Ana Sforza, cuñada del emperador alemán.

Aún vivía el joven Alfonso de Aragón, cuando ya se hablaba en Roma de un nuevo matrimonio para Lucrecia. Un peregrino alemán, atraído a la ciudad pontifical por la celebración del jubileo, escribiría a su país: "La hija del Papa vive con gran pompa. Está a punto de contraer nupcias con su tercer marido, aun cuando el primero viva todavía. Parece que cuando uno ya no le gusta, ella pide otro." —Un informe incierto, pues como hemos visto, a Lucrecia Borgia le arrancaban los maridos de los brazos.

Para este tercer matrimonio de Lucrecia, se habían iniciado negociaciones desde el verano de 1501, convirtiéndose en una faena larga y laboriosa. La idea de una unión con la casa de Ferrara había sido, sin duda, sugerida a Alejandro VI por su hijo César, de acuerdo con el marqués de Mantua.

De hecho, César tenía un gran interés por la consolidación del proyecto, dadas las condiciones en que se veía la Corte Romana. La política del Soberano Pontífice debería buscar en una estrecha relación con los duques de Ferrara, un elemento de seguridad, pues esto garantizaría a César la tranquila posesión de las Romañas. El duque de Ferrara disponía de tropas, y en particular, de una artillería temible: útil barrera a las expediciones de los venecianos, que dirigían miradas codiciosas sobre las recientes conquistas del Valentinois.

Por otra parte, el Rey de Francia favorecía a la Casa de Este, reinante en Ferrara, que se había mostrado su fiel aliada.

Como se ha dicho, los de Este en Ferrara representaban en Italia la más antigua dinastía. Mediante el esfuerzo de sus príncipes, hábiles y sabios políticos, en su ruda y maciza ciudad, feudal y militar, el ducado de Este se había constituido sana y fuertemente desde los comienzos del siglo XI.

El duque Ercole I y su hijo, que reinará bajo el nombre de Alfonso I, eran hombres de valía —sobre todo el hijo—. Ellos se mostraban indecisos ante una alianza con quienes consideraban unos españoles advenedizos: los Borgia. Alfonso, particularmente, estaba bastante intranquilo al pensar en la manera en que Alejandro VI y César se habían desembarazado de los maridos de Lucrecia cuando ya no les servían para sus fines. Y como Alfonso titubeaba en decidirse, su padre tuvo que apremiarlo diciéndole que si se negaba a tomar a Lucrecia por esposa, él mismo sería quien la colocaría sobre el trono de Ferrara, casándose con ella.

Durante las largas negociaciones en que los más diversos puntos fueron discutidos, no sin aspereza y en los menores detalles, Ercole de Este, como hemos visto, mantenía observadores en Roma, quienes se encargaban de informarle de manera precisa sobre la vida, las costumbres y el carácter de aquella, a quien trataban de convertir en duquesa de Ferrara. Los delegados del noble duque llenaron su misión con celo, y se acercaron a diversas personas con el fin de documentarse. Su testimonio es para nosotros de gran valor, y bien podría ser un elemento decisivo en un debate abierto ante la historia, en la que Lucrecia ha sido acusada de las más espantosas culpas.

Las aserciones enviadas por sus informantes al duque de Ferrara, concuerdan con precisión en elogiar en la hija de Alejandro VI el decoro, la modestia y la discreción de su vida. "Lucrecia —decían— es de constitución delicada y frágil, sujeta a los males de cabeza, y le es muy penoso montar a caballo. Vive habitualmente bastante retirada, aunque sea de un humor muy alegre, jovial, acogedora. En los días que siguieron a la muerte de su joven marido, Alfonso de Aragón, se le veía pasearse solitaria por los senderos de las villas romanas, buscando en ellos la calma, un consuelo a su pena. Su padre, el Soberano Pontífice, le ama con infinita ternura, más que a ninguno de sus hijos."

Alejandro VI insistía en que los representantes del duque de Ferrara, acudiesen al Vaticano todos los días. De hecho, nadie se aburría en el Vaticano. No había noche en que no se tocara música con flautas, laúdes, tamborines e instrumentos de cuerdas como violas de gamba y de amor. Los invitados cantaban y bailaban, mientras el Papa se complacía viendo danzar a las bellas mujeres de la Corte. Entre estas mujeres, ninguna igualaba a Lucrecia en gracia, gentileza y en agilidad.

Dicen que una noche que la joven bailaba con sus damas de honor en presencia de su padre y de los enviados de Ercole de Este, el Papa les pidió que fijaran su atención en ella. Se veía tan bonita en su traje de noche, y bailaba con tanta gracia y ligereza, que el Soberano Pontífice, riendo francamente, les comentó: "Por lo menos podrán ustedes informar a Su Alteza que mi hija no es coja."

"Por lo demás —escribe Ferdinando Gregorovius —, en medio de la maledicencia frívola y malévola, la reputación de la joven mujer es respetada. Entre tantos cortesanos parlanchines y jóvenes elegantes y mundanos, todos solícitos alrededor de las damas, ninguna intriga, por menuda que fuera, se vio nacer en relación con la joven viuda de Alfonso de Aragón. Los romanos calificaban a Lucrecia, de casta y pudorosa."

Proclamación oficial del compromiso

El matrimonio de Alfonso de Este con Lucrecia finalmente se arregló. Las partes habían logrado ponerse de acuerdo. Para obtener condiciones más ventajosas a su corona, el duque Ercole había hecho mostrar al Papa la carta del emperador Maximiliano quien detestaba a los Borgia y a los franceses, significándole su oposición al matrimonio. El duque de Ferrara pedía 100,000 ducados de dote y Alejandro VI le dio sólo 40,000. A cambio, confirmó a Ercole I el título ducal que Sixto IV había reconocido a su predecesor Borso de Este; le renovó la investidura de su feudo, obtenido de la Iglesia, y le cedió varias fortalezas importantes que los de Este codiciaban: las ciudades de Cento y de Pieve, dependientes del arzobispado de Bolonia. Además, se empeñó en hacer reducir por el Sacro Colegio de 4,000 a 100 ducados el tributo que el ducado de Ferrara, dependiente de la Santa Sede, debía dispersar actualmente a su soberano, y colmó, por último, a la familia de Este de dignidades y de beneficios eclesiásticos; pero los feudos y señoríos de que Lucrecia había sido tan abundantemente provista, aun aquellos como Sermoneta, cuya adquisición se pagó con dinero en efectivo y cuya administración dirigió con éxito, deberían volver al dominio de la Iglesia.

Para festejar la conclusión del acuerdo y la proclamación oficial del noviazgo, el Soberano Pontífice ofreció un gran baile (26 de agosto de 1501), en el que Lucrecia bailó toda la noche, con tanto ardor, que debió guardar cama al siguiente día por un acceso de fiebre. En su naturaleza infantil, que el placer hacía desbordar, no sabía cómo manifestar su regocijo.

El contrato fue firmado en Ferrara el 1o. de septiembre de 1501, en el Castillo de Belfiore. Era un matrimonio al que se le llamaba *ad verba* (dos palabras), y fue divulgado el día siguiente por las calles de la ciudad con gran algarabía, haciendo sonar campanas y trompetas, y con los gritos de los heraldos de armas. Roma fue informada de ello tres días después, el 4 de septiembre.

Por orden de Alejandro VI, se dispararon, desde el mediodía hasta la medianoche, los cañones, bombardas y culebrinas del Castillo de Santángelo; el Vaticano, el castillo de Santángelo y otros edificios, fueron adornados e iluminados "con una extravagante cantidad de antorchas" —diría Tomasi—. A la buena noticia se le unió una segunda: la toma de Piombino por el Valentinois.

Con tanto festejo la Ciudad Eterna se llenó de cantos de triunfo y de gritos alegres que continuaron los días posteriores, pues el Santo Padre hizo decretar que se estaría excepcionalmente autorizado, desde comienzos de octubre hasta vísperas de la Cuaresma, a pasearse con máscaras o disfraces como en carnaval: un carnaval de cuatro meses y medio.

El día siguiente, el 5 de septiembre, Lucrecia acudió a la Iglesia de San Pedro del Pueblo, a rendir su acción de gracias. Lucía un traje de seda recamado con oro, y la acompañaba un cortejo de 300 caballeros. Cuatro obispos cabalgaban ante ella.

A pesar de sus desórdenes, Alejandro VI estaba convencido de que la Virgen María lo honraba a él y a los suyos con una protección particular. "Siempre hemos mantenido una devoción singular por la Santísima Virgen y lo seguiremos haciendo" —exclamaba—. Incluso, se dice que la costumbre de tocar las campanas en honor de María Santísima durante la oración del *Angelus,* había caído en desuso, y que fue el Papa Alejandro VI, quien la renovó. Esta confianza en la protección de la Virgen, se la había comunicado a sus hijos; por lo menos a su hija. "Pórtate bien y conserva una gran devoción para nuestra gloriosa Madona", era la fórmula con que finalizaba sus cartas a Lucrecia.

Pues bien, el traje que vestía Lucrecia ese día para ir a rezar a la Iglesia de San Pedro del Pueblo, un maravilloso traje de brocado de oro que se ponía por primera vez, lo regaló a uno de sus bufones al día siguiente, pues ésa era la costumbre. El histrión, brincando de alegría, saltó al caballo y galopó por las calles de Roma blandiendo como un trofeo el precioso traje, gritando a voz en cuello: "¡Viva y viva nuestra ilustre Alteza, la duquesa de Ferrara y su santo padre, nuestro Santo Padre Alejandro VI!"

Entre tanto, el Papa reunía en Consistorio al Sacro Colegio, y en un elocuente discurso, detalló a la augusta asamblea los raros méritos del más grande y más sabio de los príncipes: Ercole de Este. En cuanto a don Alfonso, el prometido de Lucrecia, tales fueron sus palabras, que éste aparecía aún más grande y más bello que su hijo César, lo que constituía en boca de Alejandro VI el mayor de los elogios. Además, ¿no se había casado don Alfonso en primeras bodas con la cuñada del Emperador, a quien su hija Lucrecia iba a suceder? ¡Qué feliz Estado el de Ferrara sobre el cual iba a extenderse una felicidad, sin olvidar el cortejo nupcial, sin precedentes por su esplendor, encabezado por la duquesa de Urbino en busca de la nueva esposa, a la que llevaría a su nueva patria.

A propuesta de Alejandro VI, y conforme al compromiso contraído con el duque Ercole, el Consistorio decidió por unanimidad, que el tributo de 4,000 ducados, anualmente vertido por la corona de Ferrara a la Cámara apostólica, sería reducido a 100 ducados para el reinado del duque Ercole y para sus sucesores hasta la tercera generación. Los cardenales votaron uno a uno, algunos de ellos comentando sus votos. El cardenal de Nápoles dijo, que él se adhería a la propuesta por deferencia para con el duque Ercole, y cuando le llegó el turno al cardenal de Lisboa, éste dijo que votaba la propuesta como un homenaje a *donna* Lucrecia. (Cabe recordar las relaciones amistosas que se habían establecido entre el venerable prelado y la joven, en el tiempo en que ésta, por ausencia de su padre, gobernaba los Estados de la Iglesia.)

En cuanto al joven cardenal de Este, que iba a convertirse en el cuñado de su hija, Alejandro VI lo nombró delegado de la Santa Sede en Bolonia, obispo de Ferrara y arcipreste de San Pedro, dándole habitación en el palacio, ricamente amueblado para el efecto.

El viejo Papa resplandecía de felicidad. No hablaba más que de Lucrecia, de su matrimonio y de la corona de Ferrara. Se dice que en presencia de los representantes del duque Ercole, abría un cofre lleno de perlas y exclamaba: "A mi hija le gustan mucho; ¡todas son para ella!"

Desde ese día se estableció una correspondencia entre Lucrecia y el duque Ercole de Este. Algunas de esas cartas han sido conservadas. Ellas muestran que había en el pensamiento del duque de Ferrara una confianza creciente en su futura nuera.

"Sus cartas —observa Blaze de Bury— no nos entregan ninguna intimidad. Son correctas, banales, sin pasión, sin ingenio, sin observación, y forman por el vacío que allí encuentra, un singular contraste con las de la marquesa de Gonzaga" (su futura cuñada).

El cortejo de honor, tan pomposamente anunciado al Sacro Colegio por el Soberano Pontífice, llegó a Roma en busca de Lucrecia el 23 de diciembre: tres de los hijos del duque de Ferrara, entre ellos el cardenal Hipólito, se encontraban en primera fila, acompañados de Niccolo da Correggio y del hijo del tirano de Bolonia, Aníbal Bentivoglio. Al llegar a la puerta del Popolo, el cardenal de Este y sus hermanos se inclinaron solemnemente, y tocaron el suelo romano con una rodilla. César, quien vino a su encuentro, hizo otro tanto y les deseó la bienvenida.

La entrada a la ciudad fue un gran acontecimiento de esplendor inigualable. En ese tiempo, de todas las manifestaciones pomposas que se habían dado, ninguna se le comparaba. Las crónicas contemporáneas lo describen como "el espectáculo más brillante que se vio en Roma durante el reinado de Alejandro VI".

"Los cardenales, vistiendo sus trajes rojos, llegaron a la puerta de Santa María del Pueblo, montados sobre sus tradicionales mulas, cada uno acompañado de un séquito que no bajaba de 200 caballeros lujosamente ataviados.

"El gobernador y el senador de la ciudad marchaban con una escolta de dos mil caballeros o peatones. En cuanto a César Borgia, éste iba a la cabeza de cuatro mil caballeros, vestidos con jubones mitad rojo y mitad amarillo, con fajas bordadas, cinturones con hebillas cinceladas, de donde pendía la espada de armas, con el pomo y el puño de esmalte. Cada uno de ellos llevaba en el pecho grabado en grandes letras de plata, el nombre de César."

El ferrarés Gian-Batista Scabellino, escribe que el atavío del Valentinois, su traje y el engarce de su caballo, tenían un valor de 10 mil ducados: "aquello no era sino perlas, seda y oro." Iba vestido a la francesa y condecorado con el cordón de San Miguel.

"Las compañías de guardias pontificales, los lacayos, alabarderos, ballesteros, arcabuceros, y las tropas brillantes, bulliciosas, móviles, coloreadas y galoneadas, rodeaban a los músicos que sonaban bocinas, cuernos y trompetas, pífanos y flautas, rabeles y timbales, tambores y tamborines. Los embajadores residentes en Roma, los miembros de la magistratura y los auditores pontificios, formaban por su lado, con sus familiares, un grupo imponente. Se veía por todas partes una inmensa muchedumbre de romanos.

"La multitud de instrumentos, mezclando sus acordes con los disparos los cañones, cuyo estrépito estallaba en lo alto de las torres del Castillo de Santángelo, armaban un alboroto tal, que los caballos asustados se encabritaban y retrocedían. Costó un gran trabajo hacerlos entrar al puente San Ángelo.

"El cortejo se trasladó al Vaticano para saludar al Pontífice por el Corso, el Campo di Fiore. El Papa los acogió desde lo alto de la escalinata, rodeado por 12 cardenales. La recepción tuvo lugar en la famosa cámara del Papagayo, de donde se trasladó al palacio vecino de San Martinello, habitado por Lucrecia.

"La joven prometida esperaba a sus cuñados y a la delegación que los acompañaba en lo alto de la escalinata que daba acceso al palacio. Apoyaba su brazo en el de un noble caballero de edad, vestido de satén negro, y con una pesada cadena de oro en el cuello. Ella portaba un traje blanco recamado de oro, y llevaba sobre los hombros una capa de satén café oscuro forrada de marta cibelina. Las mangas que rodeaban sus brazos, eran de seda bordada con oro, según la moda de España; cubría la cabeza con un ligero velo de crespón verde, por donde corría en un hilo de oro una hilera de perlas finas; en el cuello llevaba un collar de gruesas perlas, en cuyo centro brillaba un rubí. Lucrecia tenía por las perlas, un gusto particular."

Uno de los miembros de la delegación ferraresa, personaje de importancia, conocido con el nombre de 'Prete da Correggio', escribe que el cardenal de Este, al ver en Lucrecia tanta belleza y gracia, tenía los ojos fuera de las órbitas.

La joven anfitriona ofreció a sus huéspedes una *bellissima colazione* en uno de los salones del palacio. Los delegados del duque Ercole fueron obsequiados con finos adornos de mesa y de aparador, en oro, plata y bronce; a su yerno, el Papa destinaba una espada y un casco.

Ese mismo día, 23 de diciembre de 1501, a medianoche, otro enviado del duque de Ferrara, Juan Lucas Pozzi, tomaba aún la pluma para escribir a su señor:

"Con *messire* Gerardo Sarraceno, hemos ido a ver a *donna* Lucrecia de parte de Vuestra Excelencia y del ilustrísimo

señor don Alfonso. Hemos comido con ella y hablado largamente de diversas cosas. (La víspera, sin duda, o algunos
días antes.) En verdad —dice Pozzi—, *donna* Lucrecia nos
ha parecido muy reservada, digna y amable: una buena
naturaleza. Está colmada de los más grandes respetos para
Vuestra Alteza y para el ilustrísimo don Alfonso. Nos atre-
vemos a predecir que Vuestra Alteza, así como el señor don
Alfonso, no recibirán de ella más que satisfacción. Es de una
gracia perfecta y sencilla: se debe admirar su benevolencia,
su decoro. Es creyente y teme a Dios. Mañana debe ir a
confesar y comulgar por ser el día de Navidad."

"Su belleza es por ella misma muy grande y seductora,
pero el encanto de su manera de ser y su carácter agradable,
hacen que esta belleza sea mucho mayor todavía. En suma,
sus cualidades me hacen concluir que nada de malo se puede augurar respecto a ella, sino prever, por el contrario, las
mejores acciones."

Juan Lucas Pozzi añade, que se puede fiar en la exactitud
de lo que él informa al concluir su misiva dirigida al duque
de Ferrara:

"Todo lo que he oído decir en todas partes concernientes
a la joven mujer, no pueden producir sino la mayor satisfacción. Me ha parecido que, por respeto a la verdad, yo
debía este testimonio a Vuestra Excelencia. Os escribo estas
líneas con toda independencia de espíritu, conforme a mi
deber y a la misión que me habéis encargado. En mis sentimientos de adhesión para Vuestra Excelencia, todo ello me
llena de una gran alegría y me ha tranquilizado completamente".

Con estos informes se puede ver claramente cuál fue el
papel que el duque Ercole asignó a sus numerosos observadores y corresponsales en Roma, deseosos hasta el último
instante, de verificar los fundamentos de las calumnias que
circulaban alrededor de la hija de Alejandro VI y que habían
sembrado inquietud en la Corte de Ferrara.

Así pues, los enviados del duque de Ferrara, los tres hijos de éste y los caballeros de su séquito, permanecieron en Roma ocho días; permanencia que debió significar para los hospedantes grandes gastos, pero que Alejandro VI aminoró en gran parte, alojándolos en las residencias de los obispos y de otros oficiales de su Corte, lo que ocasionó a estos últimos desembolsos "que ellos no soportaron sin impaciencia —dice Sigismondi Conti en su libro *La historia de su tiempo*—, y que produjo confusión en todos, por el sentimiento de las molestias que ocasionaban".

El 26 de diciembre, el presbítero de Correggio —antes citado como 'Prete da Correggio'— vino a ofrecer sus homenajes a la novia. Iba acompañado en calidad de secretario a Niccolo da Correggio, primo de Alfonso de Este. (Niccolo era poeta y se convertiría en uno de los más asiduos admiradores de Lucrecia). A despecho de su nombre, el presbítero de Correggio tenía la reputación, no sólo de cronista, sino de guerrero cumplido. Hablando de Lucrecia, escribe a Isabel de Este el 29 de diciembre de 1501:

"Esta ilustre Madonna se muestra poco; se halla preocupada de su partida. La noche del domingo, día de San Esteban (26 de diciembre), fui a verla a una hora tardía. Encontré a Su Señoría sentada cerca del lecho con 10 damas de honor. En un rincón se mantenían otras 20 que llevaban la cabeza cubierta con pañuelos plisados a la manera romana."

"La danza no tardó; la Madonna bailó muy bien, y muy graciosamente con don Fernando (su futuro cuñado). Ella llevaba una 'camora' de terciopelo negro ricamente bordado con colores vivos; un velo con pasadores de oro cubría su pecho; lucía un collar de perlas y un tocado verde en donde brillaba una hilera de rubíes".

Las celebraciones nupciales

Mientras el compromiso matrimonial de Lucrecia con Alfonso de Este se sellaba en Roma, en Ferrara había tenido lugar una ceremonia religiosa para consagrar dicho matrimonio, representado por procuración. El Papa discutió con sus cardenales si era conveniente renovar la ceremonia en Roma, y algunos doctores en derecho le aseguraron que era necesario que la bendición nupcial fuese igualmente dada a Lucrecia con Fernando de Este, procurador de su hermano Alfonso.

Francesco Piccolomini, cardenal de Siena —sucesor inmediato de Alejandro VI con el nombre de Pío III— y combatiría esta opinión, argumentado: "El matrimonio es un sacramento y no puede ser repetido para el mismo objeto." Piccolomini gozaba de una gran autoridad, y Alejandro VI se encontraba muy turbado. Él no quería romper abiertamente con las tradiciones religiosas, pero, por otra parte, le constaba renunciar a las majestuosas ceremonias cuyos planes estaban ya fijados, con sus preparativos. Finalmente, se llegó a un término medio.

El 30 de diciembre por la tarde, la delegación de Ferrara fue a buscar a Lucrecia al palacio del cardenal Zuno para llevarla al Vaticano, donde en la explanada, en lo alto de la escalinata, se había dispuesto una fanfarria cuyos acordes sonaban de manera estridente.

La joven esposa iba en medio de sus dos cuñados, don Fernando y don Segismundo. La seguían 50 damas romanas, ricamente vestidas, tras las cuales venían sus séquitos y damiselas de honor, de dos en dos, en una larga fila.

Lucrecia vestía un traje hecho de satén color carmín, bordado con oro y guarnecido con armiño: la amplitud de sus mangas las hacían caer hasta el suelo. Una dama de honor sostenía la cola del vestido. Sus cabellos 'perfilados de Sol' los llevaba anudados con una cinta negra, y brillaban tras una redecilla ligera de seda y oro. Adornaba su cuello un collar de perlas, de donde colgaba un dije con una esmeralda, una perla y de un rubí.

A los acordes de la fanfarria, el cortejo ascendió por la escalera del Vaticano. El Papa, rodeado de 13 cardenales, lo esperaba en un trono ubicado en la primera Sala Paulina. Todos los representantes de los Estados italianos y extranjeros vestían trajes de gala, a excepción del 'orador' del Emperador alemán, cuya ausencia llamó mucho la atención. Se leyó en voz alta un mensaje del duque Ercole, y después Nicolás María de Este, obispo de Adria, capellán del cardenal Hipólito, entonó la oración habitual, y como no la concluía, el Papa le ordenó que se callara; entonces, Fernando de Este, en representación de su hermano Alfonso, se acercó a Lucrecia, y colocándole el anillo en el dedo, pronunció las palabras que sellaban el contrato matrimonial.

En nombre de su hermano, el cardenal Hipólito ofreció a la esposa una canastilla de bodas que contenía cuatro sortijas de gran valor: una tenía incrustado un diamante, otra un rubí, la tercera una esmeralda y la cuarta una turquesa. Después, levantó la tapa de un cofre que se encontraba sobre una mesa, y extrajo una cofia en forma de boina, adornada con 16 diamantes, 16 rubíes color de vino pajizo y 150 perlas. Con ella venían cuatro collares ensartados con piedras preciosas y grandes perlas, y ocho cadenas del más variado y fino trabajo, unas para el cuello y el pecho, y otras para mezclarlas al tocado. El cofre contenía además, piedras preciosas, gruesas perlas, otras cadenas y collares del más raro trabajo, cuatro largos rosarios de perlas finas y otra cofia semejante a la primera. Esas cofias, llamadas *seuffiotti* eran una especialidad mantuana, célebre y buscada en toda Italia.

Por último, Hipólito de Este obsequió a su cuñada, a título personal, cuatro cruces adornadas con diamantes y piedras preciosas.

Los regalos del duque de Ferrara alcanzaban un valor considerable —70,000 ducados de oro— por lo que, tomando en cuenta las rupturas de los precedentes matrimonios de la joven, el duque había prudentemente estipulado en el contrato, que si el matrimonio de su hijo y de Lucrecia llegaba a disolverse, de todos esos presentes, sólo conservaría el anillo nupcial.

Una vez concluida la exhibición de los regalos, Lucrecia, sus damas de honor, la delegación ferraresa, las damas romanas, los cardenales, los oficiales de la Corte Pontificia y los embajadores y 'oradores' presentes, se dirigieron al lugar donde se celebraría el banquete de bodas que el Soberano Pontífice ofrecía en honor de su hija. No faltaron las danzas y las comedias después de la comida, las cuales se prolongarían hasta muy avanzada la noche. En tanto, los hombres de duque de Valentinois (César Borgia) quemaron un gran castillo de madera en la plaza de San Pedro, que constituyó para el pueblo una inmensa fogata de alegría.

El pueblo también participó en la fiesta. Se organizaron juegos públicos en la plaza frente al Vaticano, donde hubo justas y carreras, con premios para los vencedores. La 'boda' pontifical en pleno estuvo presente.

Los festejos continuaron al día siguiente y duraron toda la semana. Hubo bailes y ballet, representaciones y comedias. En las calles y plazas de Roma se organizaron corridas de toros, desfiles a caballo y de carros alegóricos, en los que figuraban episodios de héroes antiguos. El historiador y traductor de las crónicas de esa época, Carlos Iriarte, estima que esas fiestas, desfiles y cortejos para celebrar el matrimonio de Lucrecia con Alfonso de Este, marcaron el momento más brillante del Renacimiento italiano.

¡Adiós Roma! ¡Bienvenida a Ferrara!

El 6 de enero se celebró una ceremonia religiosa, en la que Alfonso de Este, que seguía en Ferrara, fue representado de nuevo por su hermano Fernando. Ese mismo día Lucrecia diría adiós a su padre. Se dice que permanecieron juntos algunos instantes en la cámara del Papagayo, en donde César se les reunió, y que al separarse de su hija, Alejandro, con lágrimas en los ojos, le dijo: "Sólo tendrás que escribirme siempre que lo desees, pues haré más de lo que he hecho por ti estando en Roma que cuando estés lejos."

Hacia las tres de la tarde, Lucrecia se puso en camino rumbo a su nueva patria. Iba acompañada por un numeroso cortejo compuesto por 300 caballeros romanos, españoles y franceses, que se habían hecho confeccionar para la ocasión trajes de brocados de oro, plata y seda. Iban también oficiales y escuderos pontificales, damas y doncellas personales, bufones, músicos, sirvientes y 150 mulas cargando sus equipajes. El Papa había exigido a cada uno de los cardenales y obispos residentes en Roma, que cada uno le suministrara a la escolta dos caballos y dos mulas, que no fueran nunca devueltos.

Lucrecia montaba una blanca enjaezada de oro. Su vestido de viaje estaba confeccionado con seda bordada de armiño, y llevaba puesto un sombrero con plumas. Los tres cuñados de la novia —el cardenal Hipólito, don Fernando y don Segismundo— iban a la cabeza del cortejo, así como el representante del Rey de Francia, bajo cuyo patrocinio se había concluido el matrimonio.

Desde las galerías del Vaticano, Alejandro VI veía alejarse a su hija. Varias veces cambió de lugar a fin de continuar viéndola. Cuando se perdió de vista con todo su cortejo, el Papa estaba aún ahí, de pie, inmóvil, los ojos perdidos en la dirección por donde su hija había desaparecido, prestando oído a la algarabía persistente de la muchedumbre. Alejandro VI no volvería a ver a Lucrecia, pues Alfonso de Este nunca permitió que su mujer regresara a Roma, ni invitó al Papa a Ferrara.

César Borgia, junto con todos los cardenales residentes en Roma, los embajadores extranjeros y los magistrados, acompañaron a la futura duquesa de Ferrara hasta la puerta del Popolo, en la entrada de la ciudad.

Lucrecia tenía prisa por abandonar Roma que había sido para ella una prisión. Más tarde se lo comentaría al embajador ferrarés; la joven tenía 22 años. Se abría ante sus ojos una nueva existencia al alejarse de la vida turbulenta, inestable y febril de la ciudad vaticana, e ir a vivir a una austera ciudad de provincia, en donde sería la soberana, la esposa de un joven señor serio y hosco, alto y robusto, taciturno, de carácter decidido, bien asentado y práctico.

En cuanto a los delegados ferrareses, ellos dejaban Roma muy complacidos, pues transportaban la dote de la novia en ducados de oro.

Fue un viaje muy largo y lento a través del Lacio, la Umbría y la Romaña. La numerosa y colorida comitiva pasó por Civita-Castellana, Narni, Terni, Spoleto y Foligno, las dos ciudades en donde la administración de Lucrecia había dejado tan buen recuerdo; y siguieron por Cesena, Forli, Faenza, Castel Bolognose y Bolonia. Se detenían de plaza en plaza, tanto para que Lucrecia se hiciera lavar los cabellos, o porque le atacaba la jaqueca a causa de las espléndidas recepciones que le tenían preparadas. Lucrecia y su escolta llegarían a Ferrara hasta el 2 de febrero.

El Papa había nombrado delegado *ad latere*, al cardenal Francisco Borgia, arzobispo de Cosenza, para acompañar a su hija hasta los límites de los Estados pontificios, en donde debería recibirla la duquesa de Urbino, Elizabeth de Gonzaga.

En Imola y en Bolonia las recepciones fueron particularmente brillantes. En esta última ciudad, los Bentivoglo, inquietos por su dominio ante las miras de la Santa Sede reforzadas por la de César, se esmeraron en cuanto a los festejos: Lucrecia y su séquito permanecieron ahí tres días.

Al salir de Bolonia los viajeros navegaron por el canal que los llevó a Castel Bentivoglio, en donde Alfonso de Este esperaba la llegada de su esposa en compañía de su hermana Isabel, la joven e inteligente marquesa de Mantua. En esta primera entrevista, los dos jóvenes esposos quedaron mutuamente impresionados.

Las dos cuñadas viajaron juntas hasta Torre della Fossa, justo donde desemboca el canal en uno de los brazos del río Po. Don Alfonso las había dejado. En Torre della Fossa, Lucrecia volvió a encontrar a su marido en compañía del duque Ercole, rodeados de todos los caballeros de su Corte. Setenta arqueros con sus uniformes en blanco y rojo, formaban la guardia de honor.

Una carta de la marquesa Isabel, nos muestra a su padre, el duque Ercole, tomándole la mano a Lucrecia y besándosela paternalmente, aun cuando la joven se rehúsa, queriendo besar ella previamente la mano de su suegro. El duque de Ferrara la hizo subir a un bucentauro magníficamente decorado. "Subimos a la gran embarcación —prosigue Isabel— en donde todos los embajadores cambiaron con nosotros apretones de manos. Mi padre y don Alfonso (el esposo de Lucrecia) estaban sentados en cubierta, conversando y bromeando muy divertidos con los bufones españoles que hacían toda clase de cumplimientos a la novia."

La descripción de la *toilette* de Lucrecia y la crónica de los sucesos, se lo debemos a la marquesa de Mantua:

"Iba vestida con un corpiño muy elaborado, de oro, guarnecido de satén carmesí, con las mangas cortadas al estilo castellano. La mantilla era de satén carmesí ribeteada de cibelina, y se recortaba en el cuello sobre su blusa de encajes. Adornaba su garganta un collar de gruesas perlas, del que colgaba un pendiente que tenía un rubí y una perla en forma de lágrima. Los cabellos los llevaba recogidos por una cofia sin cinta."

La comitiva desembarcó en el Borgo di San-Luca, donde la joven fue acogida con grandes gritos de alegría, y con el estruendoso sonido de las trompetas y disparos de cañón. Un castillo, propiedad de Alberto de Este, hermano natural del duque Ercole, les abrió sus puertas por esa noche.

La entrada a Ferrara, el 2 de febrero de 1502 —día de la Candelaria—, ha sido descrita por los cronistas como el más bello espectáculo que se hubiera ofrecido nunca a los súbditos.

A la cabeza marchaban 75 arqueros del ejército ducal, ataviados con sus uniformes blancos y rojos, a las órdenes de tres capitanes; les seguían 80 trompetas y un grupo de 24 músicos que tocaban flautas y cuernos. Toda esa gente armaba un gran escándalo. Detrás de ellos desfilaban los oficiales y nobles de la Corte ducal soberbiamente vestidos, seguidos por Lucrecia, la duquesa de Urbino y don Alfonso.

El joven príncipe montaba un caballo roano cabeza de moro cubierto con una pequeña capa tejida en carmín y oro. Iba vestido a la moda de Francia con una levita de terciopelo gris cubierta de escamas doradas; en la cabeza traía puesta una boina de terciopelo negro con encajes en los bordes y con plumas blancas que estaban fijadas por un broche cincelado. Llevaba unas polainas de cuero gris y botines de satén negro, al estilo francés. Lo seguían ocho escuderos vestidos a la francesa, con brocado de oro y terciopelo púrpura, con calzas de paño púrpura y rojo.

La escolta de la novia se componía de 20 españoles vestidos de negro y oro, '12 de los cuales solamente llevaban cadenas de oro —tiene cuidado en anotar la joven marquesa de Gonzaga al escribirle a su marido—, cadenas por lo demás pequeñas, y que no igualaban a las de mis caballeros'. Los seguía un grupo de seis obispos, luego, los representantes de las potencias extranjeras, entre los cuales, en primera fila, se encontraba el del Rey de Francia. Marchaban procesionalmente de dos en dos; los dos venecianos llevaban largas togas de satén carmesí; los cuatro representantes de la Corte de Roma resplandecían bajo largas capas de paño de oro con franjas de satén carmesí, y ocupaban en ese cortejo diplomático las últimas filas. Detrás de ellos venían seis timbaleros que golpeaban sobre sus pieles de asno y dos bufones españoles, los bufones preferidos de Lucrecia, vestidos de seda abigarrada, que entretenían a la muchedumbre con exceso de bufonadas.

Al final de tan vistoso séquito, venía Lucrecia, radiante de felicidad y belleza, en un caballo cubierto con un paño color escarlata. La silla que montaba estaba guarnecida con clavos de oro. Vestía a la manera francesa, un traje de mangas anchas de paño rayado en oro con franjas de satén púrpura y manteleta de brocado en oro bordado de armiño. No llevaba diadema, cubría su cabeza con un velo ligero de redecilla que chispeaba de oro y diamantes: era una de las cofias que su suegro le había enviado a Roma como regalo de bodas; pero sus cabellos rubios no eran retenidos por ella, le caían en cascadas ondulantes sobre sus hombros, realzando con su brillo la suntuosidad del traje. Un collar de perlas, alternando con rubíes, ornaba su cuello.

Sobre un caballo blanco, empurpurado de escarlata, cuyas riendas eran mantenidas por seis chambelanes con cadenas de oro, Lucrecia cabalgaba bajo un toldo púrpura que sostenían, reemplazándose, los maestros de la Universidad de Ferrara, doctores de las tres facultades: Derecho, Medicina y Matemáticas.

Tras la recién casada, avanzaban la duquesa de Urbino y el duque de Ferrara, seguidos por algunas damas romanas, una de ellas Madonna Adriana, todas montadas en finas hacaneas; y 12 carrozas en las que viajaban las damas de honor del séquito de la novia y sus damas ferraresas y boloñesas. Al final de la comitiva, se observaba una larga fila de mulas enjaezadas de rojo y amarillo; las dos primeras con los arneses negros y plata finamente trabajados.

De trecho en trecho se habían levantado arcos de triunfo. Cuando el cortejo llegó a la Piazza que precede al Castelo Vecchio, dos acróbatas de cuerda descendieron simultáneamente desde lo alto de las dos torres que se encontraban en la parte delantera del palacio, cruzándose el uno con el otro, y las puertas del torreón fueron abiertas a los prisioneros.

En la gran sala del Castillo Viejo, decorada con preciosas tapicerías, dos poetas muy célebres en ese tiempo, Celfo Calcagnini y Ariosto, recitaron a Lucrecia un epitalamio en versos latinos, que la joven comprendió muy bien. Ariosto tenía en esas fechas 28 años, pero había adquirido ya notoriedad como latinista y como poeta cómico.

Los dos días que siguieron, días de regocijo en la ciudad y en el castillo, eclipsaron en magnificencia todo lo que se había visto en Ferrara. Las representaciones de comedias latinas llenaron buena parte del programa, ya que pondrían en escena cinco comedias de Plauto.

La sala de espectáculos había sido dispuesta en el palacio della Ragione, el palacio de justicia, en cuyas ventanas se tenía la costumbre de colgar a los rebeldes y a los conspiradores. En esa sala cabían cinco mil espectadores, y para esta ocasión, se construyeron varios estrados. La parte central estaba destinada exclusivamente a las damas, quedando los caballeros a los costados. Los muros estaban cubiertos por cortinajes verdes, rojos y blancos que eran ya los colores italianos. La parte donde se encontraba el escenario tenía la altura de un hombre, y en el muro del fondo de éste se veían diversas decoraciones, una de las cuales representaba una fortificación almenada. Cinco grandes escudos adornaban lo alto de la sala y habían sido fijados a la cornisa: llevaban las armas de la Iglesia, las de la Casa de Francia, las de las Casas de Este, de Borgia y de Gonzaga.

El duque Ercole hizo el trabajo de 'mise en scene'. Cierto día exhibió ante sus invitados, 110 trajes destinados a los actores que representarían las cinco comedias de Plauto, a fin de que nadie ignorase que ninguno de esos trajes se usaría dos veces.

El mecanismo que permitía a las divinidades, a los ángeles y a las alegorías volar por los aires, aunada a los juegos de luz y fuego artificiales, parecieron a los espectadores de ese tiempo una maravilla. Las decoraciones y la 'mise en scene', célebres por largo tiempo en la ópera italiana, datan de entonces.

Por su parte, a fin de que esos días de fiesta acompañados de alegres ágapes en honor de las bodas de su hija no fuesen contrariados en Ferrara por la entrada en escena

102

de la Cuaresma, el Papa Alejandro VI había prorrogado su apertura, especialmente para los ferrareses, del 10 de febrero —miércoles de Ceniza— hasta el día siguiente del domingo en que se canta 'Laetare', es decir el 7 de marzo.

Durante el baile que se ofreció en la Corte del duque Ercole, nada impediría, Lucrecia descender de la tribuna en donde presidía, y en homenaje a sus nuevos súbditos, "al compás de los tamborines, bailó a la romana y a la española" —escribiría el parmesano Nicolo Cagnolo, que había acompañado al representante del Rey de Francia.

Muchos cronistas describieron a Lucrecia en su llegada a tierras ferraresas. Las impresiones de Bernardino Zambotto parecen las más precisas:

"La desposada es muy bella, tiene hermosos ojos vivos y alegres, un talle esbelto; es inteligente, perspicaz y razonable; su naturaleza está compuesta de alegría, de gracia, de benevolencia. Ha gustado mucho a los ferrareses que esperaban encontrar en ella satisfacción y protección, así como el mejor gobierno."

A fin de variar las diversiones, el viernes 4 de febrero, el duque Ercole llevó a sus huéspedes al Convento de Santa Catalina de Siena, para contemplar ahí los estigmas de Sor Lucía de Narni. El embajador de Francia, monseñor Rocca Berti, mojó un lienzo en la sangre que fluía y lo conservó como una preciosa reliquia. Después, don Alfonso invitó a todos a visitar el Castel Vecchio, a fin de que los delegados extranjeros pudiesen admirar la artillería de que estaba provisto.

El sábado 5, monseñor Rocca Berti hizo entrega de los presentes que enviara el Rey de Francia; al duque Ercole le obsequiaba un broquel de oro, y en esmalte, la imagen de Francisco de Asís. —La pintura sobre esmalte acababa de adquirir en Limoges un súbito auge. Las artes brillaban en esos momentos en Italia, y particularmente en la Corte de Ferrara con un considerable esplendor; pero Luis XII, con su gusto exquisito, eligió la obra de artistas franceses que en sus dominios no tenían rival — . Don Alfonso recibió igualmente un broquel de oro y, en esmalte, la imagen de María Magdalena. Sabiendo que el heredero al trono ferrarés tenía predilección por la artillería, el Rey de Francia le enviaba también una recopilación de instrucciones para fundir cañones. Asimismo, don Fernando recibió su broquel de oro. Por último, Lucrecia fue agraciada con un rosario con cuentas de oro impregnadas de almizcle, lo que no podía convenir mejor a la joven piadosa y elegante a la cual el regalo se dirigía.

El domingo 6, toda la Corte asistió a una misa solemne celebrada en la Catedral de Ferrara, en donde don Alfonso recibió un casco y una espada bendecidos por el Santo Padre. Ese día por la noche, se ofreció un baile en el salón principal del palacio, en el que Lucrecia danzó luciendo un traje de seda color violeta bordado con hilo de oro, y portando sobre la cabeza una corona, cuya pedrería destellaba chipas de luz, bailó las danzas rústicas del país de Francia. Su éxito fue tan grande, que todo mundo quedó encantado, no solamente por su gracia, sino por la precisión y el ingenio — dice uno de los espectadores — que ella puso en esta coreografía campesina de pasos complicados.

Al día siguiente, se organizó un torneo en la plaza de la Catedral, entre un campeón boloñés y un representante de Imola.

El 8 de febrero marcó la entrega de regalos ofrecidos por los embajadores y 'oradores', entre los cuales se hicieron notar los de los venecianos, que consistían en capas de terciopelo carmesí bordadas con armiño, una de las cuales era de grandes dimensiones.

El día 9, los embajadores venecianos visitaron a Lucrecia para presentarle sus respetos y despedirse. La encontraron en sus habitaciones en compañía de Elizabeth de Gonzaga y de Isabel de Este, su cuñada. Sin embargo, hablando del conjunto de fiestas celebradas en Ferrara por el matrimonio de Lucrecia y Alfonso de Este, la marquesa de Mantua estimaría que, en medio de su esplendor y con todo el gusto con que se realizaron, se percibía una sensación de frialdad por la falta de familiaridad, de cordialidad y de alegría natural. "Eso no era una boda. Yo me aburrí en ella" —escribe Isabel, quien esperaba con impaciencia el momento en que le sería permitido ir a reunirse en Mantua con su marido y su hijo.

El extraño influjo que rodeaba a la hija de Alejandro VI, aún ponía una distancia a su alrededor, de la que no podemos asombrarnos.

No obstante, el 14 de febrero, 12 días después de la legada de su nuera a Ferrara, Ercole de Este escribiría a Alejandro VI:

"Antes que la ilustre duquesa, nuestra hija común, hubiera llegado aquí, era mi firme intención hacerle una buena acogida, de honrarla como conviene, y de no permitir que nuestro afecto le faltase en ninguna circunstancia; pero desde que Su Señoría (Lucrecia) está entre nosotros, la virtud y las dignas cualidades que he encontrado en ella, no solamente me han confirmado en mis buenas disposiciones, sino que la han hecho crecer grandemente en mi voluntad y buen querer... Os puedo asegurar que considero desde ese día a su Señoría (Lucrecia), como lo más caro para mí en el mundo."

De hecho, Ercole de Este, que se había comprometido a pasar a su nuera una renta de 6,000 ducados, se apresuró a doblar la suma y a remitirle anualmente 12,000, de los que ella podía disponer a su placer. Y, desde su vuelta a Mantua, Isabel de Este le escribiría a Lucrecia, firmando: "Vuestra hermana que os ama".

Lo que más agradaba a los ferrareses, era la eterna e inalterable alegría de su futura soberana. Parecía que les contagiaba el regocijo por su vieja ciudad de pesados y sombríos muros, de calles estrechas, tortuosas, sin Sol. Sin embargo, de Ferrara había salido el sombrío y persistente Savonarola: un hombre grande, de gran corazón y alma inflamada, pero a quien la vida le negó diversiones y placeres, y que atacará el fausto, la lujuria de Alejandro VI con tanto encarnizamiento y severidad, que el Papa, tras excomulgarlo, concluiría por hacerlo perecer en una hoguera.

VI

La esposa de Alfonso de Este

E l Castillo de Ferrara, donde Lucrecia pasará el resto de su vida, era una construcción sombría, melancólica y muy triste hasta en su nombre: Il Palazzo-Vecchio —el Palacio Viejo—; los muros eran de color viejo oscuro, con cuatro torres grandes, cuadradas y macizas; tenía almenas y domos, patios húmedos, puentes levadizos y anchos fosos de laderas musgosas recubiertas con alfombras de algas. Las estrechas ventanas con sus oscuras cortinas apenas dejaban filtrar una luz mortecina. Era más bien, una fortaleza, no un palacio.

Una de las torres se utilizaba como prisión. Ahí se encontraba el calabozo donde Nicolás III, marqués de Ferrara, había hecho decapitar en el año de 1425, a su mujer Parisina Malatesta y a Hugo, su hijo natural, nuevo Hipólito, quien se había dejado seducir por esta nueva Fedra.

Es posible que para alegrar su siniestra morada, Lucrecia mandara colocar una estatua del cupido de Miguel Ángel en uno de los salones, porque en esta residencia feudal, que debió parecerle muy rudimentaria en comparación con los artesones dorados del Vaticano donde había pasado su juventud, su marido fuera incapaz de procurar la alegría ausente.

De constitución fuerte y recia —de la que el pintor Dosso Dossi da una admirable impresión en un retrato—, Alfonso

Alfonso de Este, duque de Ferrara; tercer marido de Lucrecia Borgia. (Dosso Dosis. Modena. Galería Estense.)

de Este era un guerrero, valiente, decidido, inteligente, pero de una rudeza abrupta que no alentaba a un acercamiento. Fue un apasionado de la caza, pero de la salvaje, de la violenta y difícil, por lo que desesperaba a sus más intrépidos cortesanos, pues pasaba las noches enteras afrontando climas perniciosos en los pantanos de Comaccio al acecho de algún jabalí. Si su mujer siempre reía, él nunca lo hacía. Era, sin embargo, muy culto: había tenido por maestros a los más célebres eruditos del Renacimiento; requirió a Bellini y a Tiziano, tocaba el violín, tocaba asimismo tan bien la lira —se decía—, como Leonardo da Vinci.

Lucrecia estaba acostumbrada a las fiestas y diversiones, en tanto que Alfonso de Este se dedicaba por entero a los asuntos de guerra, a la planeación y construcción de fuertes y fortalezas, a entrenar a sus hombres en las armas y a la fundición de cañones. Estaba orgulloso de disponer de 15,000 guerreros perfectamente bien entrenados; de las imponentes fortificaciones de la ciudad que nunca nadie había conquistado, de la temible artillería ferraresa fundida en parte por él mismo, pues en la fundición de cañones había adquirido conocimientos técnicos y una gran destreza.

Como distracción hacía trabajos de carpintería y ebanistería en un taller de su propiedad, en el que se había hecho instalar un banco de tornero. Sin embargo, había un punto en el que coincidían los esposos: el arte de la mayólica (cerámica o porcelana), por el que Lucrecia había adquirido gusto y práctica durante su estancia en Pésaro, mientras que a Alfonso le gustaba pintar sobre esmalte y lo hacía con bastante talento.

La vida de Lucrecia va a cambiar radicalmente en la corte de Ferrara. De haber sido agitada, febril, alegre y turbulenta, se convertirá en una vida simple y apacible. No olvidemos que está aún en la aurora de su vida: tiene 22 años. Con su marido está en los mejores términos. Éste cumple celosamente con sus deberes conyugales. En el día tal vez buscará otros placeres. "¡Bah! —dirá el Papa—. Es muy lícito. ¡Todavía es joven!". La frase fue reproducida en una comunicación de Bertrán de Costabili, informante en Roma del duque de Ferrara, dirigida a su señor con fecha 1o. de abril de 1502.

Una carta de Laura Bentivoglio dirigida a la marquesa de Mantua (Isabel), pinta un cuadro viviente de Lucrecia en el Castel-Vecchio de Ferrara:

"Ella me hizo sentarme y me preguntó por Vuestra Excelencia con una amabilidad encantadora. Se informó de vuestros trajes y sobre todo de vuestros tocados. Después, a propósito de sus vestidos españoles, dijo que si vos deseabais ver o poseer algún objeto que ella pudiese procuraros, se sentiría muy contenta de poder serviros, pues se preocupa mucho por agradar a Vuestra Excelencia. Me expresó el deseo de que vos le escribáis frecuentemente y con más intimidad. Me preguntó repetidas veces si estaba finiquitado el compromiso de la hija del duque de Valentinois (César Borgía) con vuestro hijo."

Se refería a un proyecto concebido hacia 1502 por Francisco de Gonzaga, marqués de Mantua, con el fin comprometer a su hijo, heredero de la corona, con la hija de César Borgia y de Carlota de Albret. La damita se llamaba Loyse y tenía dos años.

Lucrecia Borgia. (El Pinturicchio, fresco en uno de los departamentos Borgia en el Vaticano).

Laura Bentivoglio prosigue:

"Donna Lucrecia llevaba hoy una "camora" (camisa) de satén negro adornado de follaje de oro, con un ribete que parecía hecho de oro puro; las mangas estaban sobrepuestas como las de Vuestra Excelencia, y portaba un collar compuesto de las más bellas perlas. Se hallaba tocada a su manera habitual, con una esmeralda muy brillante sobre la frente y una toca de terciopelo verde adornado con oro."

Muy pronto Lucrecia se hace amar y estimar, no sólo por su marido y por su suegro, sino por toda su nueva familia. Su cuñada, la bella e inteligente Isabel de Gonzaga y la noble y orgullosa duquesa de Urbino, Elizabeth de Montefeltre, quien al principio la había acogido con reserva, están encantadas con ella. Serán amigas, si no íntimas, al menos sinceras.

Pero los contratiempos sobrevienen, pues César, su terrible hermano, persiste en sus planes de conquista para constituirse un reino en el centro Italia. Al duque de Urbino, Guidobaldo, con el cual los Borgia estaban ligados por una estrecha amistad, le pide en calidad de préstamo su artillería, la cual necesita urgentemente —según dice— para el bloqueo de Camerino. Guidobaldo, confiado, pone los armamentos a su servicio, y apenas en posesión de los cañones, César los vuelve contra su propietario, invade sus Estados, los constriñe a la fuga, y se instala como dueño en su capital y en sus castillos: uno de esos juegos estratégicos de política que Maquiavelo no titubeará en proclamar como una obra maestra de arte.

Tal noticia llega a Lucrecia hasta su vieja fortaleza el 27 de junio de 1502. Esa obra de arte ejecutada con maestría la llena de consternación. Bernardino de Prosperi, que se encontraba junto a ella, escribe de Ferrara a la marquesa de Mantua que Lucrecia "no podía consolarse pensando en todas las amabilidades recibidas cuando pasó por Urbino algunos meses antes". Y dos días más tarde, el presbítero de Correggio escribiría también a Isabel, "La señora Lucrecia muestra una gran pena ante el acontecimiento: Yo daría 50 mil ducados por no haberlo sabido."

Tal vez para explicar sus actos y hacerse perdonar, César Borgia, seguido de 50 caballeros, sorprendió a su hermana el 28 de julio de 1502. Ella se encontraba en el castillo de Belfiore; el mismo lugar donde el año anterior, se había finiquitado verbalmente su matrimonio con Alfonso de Este.

Belfiore era un palacio de recreo que pertenecía a los duques de Ferrara y que se encontraba en los contornos de San Leonardo —hoy el crucero Vittore-Emmanuele—. César permaneció junto a su hermana sólo dos horas y partió de manera apresurada para reunirse con el Rey de Francia en Lombardía. Alfonso de Este lo acompañó hasta Módena.

César había sido para Lucrecia el tormento de su vida y, sin embargo, no podía, a pesar de todo, dejar de quererlo.

Tristes sucesos

Poco tiempo después, Lucrecia habría de reponerse de la muerte del hijo que ella había dado a su segundo marido, Alfonso de Aragón. El pequeño Rodrigo muere a muy corta edad en Nápoles, donde era educado por Isabel de Aragón. Los historiadores que defienden a Lucrecia le reprochan

111

sin embargo, que no hubiera conservado al niño junto a ella; de no haberlo educado, como lo hizo con Giovanni, el Infante romano en el Palazzo Vecchio de Ferrara. Incluso, Ferdinando Gregorovius, escribe al respecto:

"Cualesquiera que hubieran sido las circunstancias que obligaron a Lucrecia al alejamiento de su hijo, ese desgraciado niño no deja de arrojar sobre la joven mujer una pesada sombra."

El archivo de la familia de Este ha restituido el contenido de algunas gavetas, en las cuales Lucrecia conservaba las notas de gastos realizados por Rodrigo. En ellas aparecen largas listas de trajes y juguetes, no sólo numerosos, sino escogidos con todo esmero. Hay también notas de los abundantes estipendios y regalos entregados a la afectuosísima Isabel.

Los documentos revelan incluso, con gran claridad, sus ansias maternales por Rodrigo; cuando trató, sin conseguirlo, de llevárselo con ella a Ferrara; cuando proyectó salirle al encuentro, aunque fuera para volver a verle y abrazarle en Loreto: cuando finalmente un verano consiguió tenerlo a su lado en Ferrara durante casi dos meses. Es muy probable que le hubiese mantenido a su lado para siempre, si los de Este no hubiesen tolerado tan mal la presencia de aquel hijastro aragonés en su casa.

Los detractores de Lucrecia olvidan que ella era sólo una chiquilla cuando le fue arrebatado su hijo. César había hecho asesinar de la manera más salvaje al padre del niño, si no con la aprobación de Alejandro VI, sí ante su indiferencia. Con esto los Borgia se proclamaron adversarios de los Aragón de Nápoles y trabajaban por su caída. César tenía en mira nada menos que derribar al príncipe reinante para colocarse en su lugar. Se comprende fácilmente que los Aragón de Nápoles hayan reclamado al Infante, ya que ni Alejandro ni César mostraron interés por conservarlo. Isabel de Aragón, viuda de Giangalozzo de Milán, a quien

Ludovico el Moro haría envenenar, por lo que fue en su busca. El niño fue educado por ella en una villa de Bari.

El dolor que la joven mujer experimentó ante la muerte de su hijo debió ser muy intenso, y más grande se haría, pues el 5 de septiembre, pocos días después de haber sabido la triste noticia, daba a luz una niña muerta. Fue eso para ella una gran desilusión, una decepción cruel y también para su viejo padre, que esperaba impacientemente en Roma el anuncio de un nacimiento principesco.

La salud de Lucrecia, frágil de por sí, resultó afectada por esos tristes sucesos. Debió dejar la humedad y los sombríos muros del Castello Vecchio y trasladarse al convento de Corpus Domini, en donde el aire puro y los jardines soleados contribuyeron a restablecerla. El 22 de octubre estaba de vuelta en la vieja mansión. En circunstancias tan dolorosas, el afecto que le demostró su marido le sirvió mucho para reconfortarla. Durante su enfermedad, don Alfonso no abandonó su dormitorio manteniéndose cerca de ella hasta que se repuso. Después, él iría en peregrinación a Nuestra Señora de Loreto, en cumplimiento del voto que hiciera a la Virgen por el restablecimiento de su mujer. Lucrecia fue objeto de numerosas muestras de simpatía por parte de toda la familia de Este, de la corte de Ferrara, de los magistrados, de los burgueses de la ciudad y de los puntos más diversos de sus Estados.

En el mes de abril (1503), Lucrecia recibió en su castillo la visita de su cuñada, la marquesa de Mantua. El día de San Jorge las dos mujeres asistieron al teatro del duque Ercole, donde se representaba un Misterio: 'La Anunciación'. Isabel envió una descripción de este evento a su marido, que vale la pena reproducir:

"Estuve en el Castello a buscar a Madonna Lucrecia, quien continúa demostrándome un gran afecto. Las dos nos trasladamos a la casa del Arzobispo en donde encontré a mi señor y padre (el duque Ercole). Admiré el teatro de madera que ha sido construido para la circunstancia. Primero

113

apareció un joven ángel que hizo la exposición de la pieza y citó las palabras de los profetas que anunciaron la venida de Cristo. Luego avanzaron los profetas recitando sus profecías traducidas en verso italiano. Bajo un pórtico sostenido por ocho pilares, apareció María y dijo algunos versículos elegidos de los libros de los profetas y, mientras ella hablaba, se abrió el cielo dejando ver al Padre Eterno rodeado de un coro de ángeles. Otros seis serafines se mecían en el aire suspendidos por cadenas. En el centro de ese grupo se encontraba el Arcángel Gabriel, al que Dios Padre daba órdenes. Después, gracias a un admirable mecanismo, Gabriel descendió y quedó suspendido en el aire a la misma altura del órgano. De pronto, una infinidad de luces brillaron bajo los pies del coro formado por los ángeles, rodeándolos con una rutilante aureola. Fue un espectáculo muy curioso, pues todo el cielo se veía radiante. Al mismo tiempo, el ángel Gabriel descendió lentamente, siendo invisible la cadenilla que lo retenía; parecía reposar sobre una nube hasta que sus pies tocaron el suelo. Y una vez que hubo recitado su mensaje, volvió a subir al cielo con los demás ángeles, mientras se escuchaban cantos melódicos acompañados por instrumentos musicales. Suspendidos también en el aire, espíritus celestes, sosteniendo en sus manos antorchas encendidas recitaron versos, y los balanceaban de tal manera, que yo temblaba de miedo. En seguida se presentaron algunas escenas de la vida de Santa Isabel y de San José. El cielo se abrió de nuevo, y mediante el mismo mecanismo, tan admirable, descendió el Ángel que anunciaba a José la encarnación del Salvador y el favor milagroso acordado a la Santa Virgen.

"Así se terminó el espectáculo. Había durado dos horas y media para gran entretenimiento de todos. Los juegos de escena fueron maravillosos, y he debido dejar de lado más de un detalle que nos ha llenado de asombro.

"Pero nos ahogábamos en la sala como consecuencia de la gran afluencia de gente. Se anuncia para el jueves próximo una representación de los 'Mages' y de Los Inocentes. Envío a Vuestra Excelencia un cesto de miel nueva."

De esa época (1502-1503), se ha conservado un catálogo de la biblioteca particular de Lucrecia. Es una lista de los libros que componían su lectura acostumbrada; ella nos ayudará a penetrar en el alma de la joven.

En escritura manuscrita e incunables, encuadernados en terciopelo rojo, y con los cantos y los broches de oro o de plata se conservan:

Un breviario.

La vida de Cristo en español.

Un manuscrito con miniaturas, intitulado *De Copelle a la Spagnola*.

Una colección impresa de las cartas de Santa Catalina de Siena.

Los Evangelios y las epístolas de los apóstoles.

Un tratado de cuestiones religiosas, en español.

Una colección de canciones españolas, conteniendo los proverbios de Domingo López.

Un incunable, *La Aquila volante*.

El espejo de la fe, en italiano.

Un Dante impreso, con comentarios.

Un Petrarca manuscrito, en pergamino.

Un tratado de filosofía, en italiano.

Un tratado de la felicidad (De Ventura).

Un Donat (dramaturgo latino del siglo IV, maestro de San Jerónimo; sus comentarios sobre Terencio, en donde se nos informa de qué manera Terencio se inspiraba en Menandro. Acababa de imprimirse en Venecia, y es probable que se trate de ese libro (Donat), dadas las estrechas relaciones del gran grabador veneciano Alde-Menuce con la corte de Ferrara y, por otra parte, las frecuentes representaciones de comedias latinas en el teatro de los duques de Este).

Existe otro catálogo de la biblioteca particular de Lucrecia que data de 15 años más tarde (1516), después de que duras pruebas habían pesado sobre ella; en él se ven sólo libros piadosos. Pero el medallón que representa a Lucrecia de perfil con sus largos cabellos sueltos, pertenece a los primeros años de casada con Alfonso de Este. Por mucho tiempo fue atribuido a Filipino Lippi. Hoy se le ubica, con más reserva, bajo el nombre del 'medallón del amor cautivo'. Tiene un gran valor, porque ha contribuido a identificar a el Pinturicchio como el autor del célebre retrato de Lucrecia que se encuentra en los departamentos Borgia del Vaticano.

La joya tiene por el reverso un pequeño cupido con los ojos vendados y las manos atadas en la espalda unido a un vigoroso laurel, de cuyas ramas cuelgan un 'carcaj' quebrado —el 'carcaj' del amor— y su arco, el cual tiene su cuerda rota. En otra rama penden instrumentos de música. El laurel simboliza la gloria de la casa de Este. El amor encadenado y el 'carcaj' roto significan la fidelidad al sentimiento conyugal que liga Lucrecia a su marido; los atributos de música, en particular el violín y su arco, marcan las artes cultivadas en la corte de Ferrara, especialmente la música que practicaban Alfonso y Lucrecia. La leyenda dice: *Virtuti ac frmae pudicitia praeciosissimum*. M. René Cagnat traduce: "Para la virtud y la belleza, el bien más precioso es el pudor" —, lo que convendría especialmente a la vida de Lucrecia. Una carta escrita por ella al poeta veneciano Pedro Bembo, con fecha 8 de junio de 1503, indicaría que es él quien suministró al grabador los motivos del reverso del medallón, así como la inscripción.

La muerte de su padre

Una pena más afligiría el corazón de Lucrecia Borgia en ese entonces (1503); ésta era, quizá, más grande que la que experimentara cuando su amado hijo murió: Alejandro VI, su padre, fallece en Roma a la edad de 73 años.

Guichardin, que lo detestaba, habla de ello en términos triunfantes:

116

"Roma entera, invadida por una alegría indescriptible, acudió a San Pedro a contemplar a ese difunto, a ese demonio de ambición insaciable y de hedionda perfidia, cuya cruel ferocidad, monstruosa lujuria, rapacidad y desvergonzada audacia en la administración de lo temporal y de lo espiritual, había envenenado al mundo."

Lucrecia no juzgaba a su padre porque nunca le faltó su cálido afecto; había crecido encantada con su gracia y gentileza que no cesaron de adornar sus años juveniles. El trato del Viejo Pontífice era seductor. Alejandro VI sabía extender alrededor de él ese encanto y esa incesante alegría que su hija había heredado.

En las condiciones en que ella se encontraba, era más difícil sobrellevar su aflicción que aminorar el dolor. Mientras lloraba a solas en las sombrías habitaciones del castillo, su marido, Alfonso de Este, le escribía fríamente a su embajador en la Corte de Milán:

"A fin de informaros sobre las preguntas que muchos nos dirigen, deseosos de saber si la muerte del Papa nos causa pena, os aseguramos que no existe ninguna razón para que ella nos haya disgustado. Más bien, deseábamos, desde largo tiempo para honor de Dios y bien de la cristiandad, que la Providencia nos acordase un pastor bueno y ejemplar, y librarse a la Iglesia de semejante escándalo."

Alfonso nunca había permitido que Lucrecia fuera a Roma a saludar a su padre, ni propició que éste viniese a Ferrara a visitar a su hija.

Del dolor de Lucrecia en esta circunstancia, hay un testimonio muy acertado de un joven sabio, filósofo y poeta, que residía en ese momento en Ferrara, y que después realizaría una carrera ilustre como secretario particular de León X, quien lo elevará al rango de cardenal, dignidad que Prieto Bembo se resistía aceptar. En sus célebres monografías, Bayle escribe al respecto: "He visto en las cartas de Pietro Bembo tanto carácter, no el de un hombre honrado y el de un amigo generoso y oficioso, sino el de un sabio que prefería a las vanidades y pompas de la Corte, la tranquilidad de un retiro que le permitiera consagrase por entero a las Musas; es por eso que me cuesta muy poco convencerme de que no deseó ser cardenal."

Bembo tenía entonces 32 años y gozaba ya de gran prestigio como poeta, historiador y latinista. Sus 'Azolains" — discursos de amor, así nombrados porque se supone que fueron compuestos en el Castillo de Azolo —, acababan de tener un éxito tan grande, que Bayle dice que "se habría pasado en Italia por un novicio, si no se hubiera tenido conocimiento de este trabajo". El Consejo de los Diez encargará oficialmente a Pedro Bembo, que escriba la historia de la República de Venecia.

Se conserva aún la carta que Bembo escribió a la joven castellana después de la muerte del Soberano Pontífice. Está fechada el 22 de agosto de 1503 en la villa de Ostellato, en donde se encontraba pasando algún tiempo junto a sus amigos los poetas Tito y Ercole Strozzi:

"Ayer fui donde Vuestra Alteza, para manifestarle cuánto la acompaño en su desgracia y para consolarla a medida de mis fuerzas. Acabo de saber que os abandonáis a un dolor sin medida. Pero no puedo hacer ni lo uno ni lo otro, porque cuando os vi en esa habitación oscurecida, en ese traje negro, marchita, desolada, en lágrimas, el corazón se me oprimió, de tal manera, que permanecí allí de pie largo tiempo, impotente para hablar, para encontrar lo que podría deciros. Tenía yo mismo necesidad de consuelo, yo que había ido para darlos y me retiré con el alma desgarrada ante ese espectáculo conmovedor, mudo y a la vez balbuciente, como lo notaríais, sin duda. Tal vez me aparté porque comprendí que vos no necesitáis de mi pésame ni de mis consuelos. Conociendo mi adhesión y mi fidelidad, estaréis segura de que mi dolor es vuestro dolor. De vuestra cordura infinita sacaréis el consuelo sin esperar a que otro os lo aporte."

Además de su gran aflicción por la muerte de su padre, Lucrecia debió sentirse insegura en cuanto a su posición en la vieja y aristocrática Corte de Ferrara. No sabía si su situación cambiaría ahora que le faltaba el respaldo del Papa, y la manchaba la conducta de su hermano César. Pero no ocurrió nada de eso. Los Ferrara la habían aceptado sin reservas. Tan grande había sido la impresión causada por su discreción llena de tacto, su gracia innata, su belleza y gentileza, que nunca llegó a sentir el menor debilitamiento en las atenciones, la deferencia y el respeto de que estaba rodeada. Pero si la joven no resintió ningún cambio en las condiciones de su existencia con la desaparición de aquel que había edificado su fortuna y sobre el cual ésta parecía reposar, no ocurrió lo mismo con su hermano César Borgia.

De la noche a la mañana —entre todos aquellos a quienes dominaba por el miedo y por la autoridad del Pontífice romano, respaldada por el Rey de Francia, quien fue comprado con un divorcio gracias a las complacencias de la Santa Sede— se produjo un brusco movimiento de retroceso que no habría sido difícil prever.

Abandonado por todos, cínico e insolente, y muchas veces con esa falta de fe de la que el mismo César Borgia había dado a menudo ejemplo, el "príncipe" elevado por Maquiavelo a la altura del arquetipo de los soberanos, se derrumbó penosamente, y con él, las sutilezas, malicias, perfidias, crímenes, mentiras y traiciones, con que el célebre escritor florentino creyó poder formar la trama esencial de la obra política.

Por fin, Guidobaldo pudo regresar a Urbino y Juan Sforza a Pésaro. En memoria del acontecimiento, éste último hizo acuñar una moneda de oro, en cuyo anverso se veía su perfil en busto; y en el reverso, un yugo roto con la leyenda *Patria recepta*: la Patria recobrada. Las venganzas en que se complació fueron terribles, pues hizo prisioneros a muchos burgueses de la ciudad, les confiscó sus bienes y los envió al patíbulo. A otros los colgó de las ventanas de su castillo como era la moda entre los tiranos italianos. (Los Médicis colgaban a la gente por los pies.)

En cuanto a César, éste se refugió con Gonzalo de Córdoba, quien no encontró otra salida que entregarlo a Fernando el Católico. El Rey de Castilla, de Aragón y de Nápoles decidió vengar su casa, y ordenó que encerraran al asesino de Alfonso de Aragón en el Castillo de Medina del Campo (en Castilla, cerca de Valladolid); e hizo instruir el proceso que doña María Enríquez le seguía a aquel a quien acusaba de haber hecho asesinar a su marido, el duque Juan de Gandia, y a su cuñado Alfonso de Aragón.

Desde Ferrara, Lucrecia hacía todo lo posible por ayudar a su hermano prisionero; sin embargo, no tardaría en presentarse otro acontecimiento que iba a trastornar una vez más su resistencia: la muerte de su suegro, Ercole de Este (25 de enero de 1505), que elevaba a su marido al trono y la convertía a ella en duquesa de Ferrara.

VII

La duquesa de Ferrara

Como duquesa de Ferrara, Lucrecia se convertirá en el alma de la vida culta, artística y literaria de sus Estados. La rodean sabios, poetas, pintores y escritores. Aún en la flor de su juventud, Lucrecia tiene, por fin, la oportunidad de colmar sus inquietudes literarias cerca de eminentes escritores y dramaturgos, inquietudes inculcadas a instancias de su padre por la educación que recibió en Roma, bajo la mirada distraída de Julia Farnesio. Se ha construido en su palacio, el más bello teatro de Italia, que se convierte, más allá de los Alpes, en un centro del arte dramático.

Le complace enormemente retirarse con sus amigos más allegados a *La Shifonia* —que bien podía llamarse el "*Sans-Souci*" ferrarés—, un lugar principesco de retiro creado por Alberto de Este en 1391, y que el duque Borso transformó en 1469. Se han encontrado bajo la pátina de los siglos, los frescos del tiempo de Borso que dan tan precisos y pintorescos detalles sobre los personajes, trajes y costumbres de la Corte de Ferrara hacia fines del cuatrocientos. *La Shifonia* ofrecía bellos y cuidados jardines y una pequeña *menagerie*. Ahí, al aire libre, se practicaban los tradicionales juegos de los italianos del Renacimiento.

La fría reserva que al principio de su matrimonio le demostraran algunos miembros de la familia de Este a Lucrecia, había sido reemplazada por la benevolencia y aun por la simpatía. Por esta época, la correspondencia con su célebre cuñada Isabel, marquesa de Mantua y con su esposo el marqués Francisco de Gonzaga, se hace frecuente, casi regular. Las jóvenes mujeres, notables cada una por sus propias cualidades, llegan a estimarse. La simpatía de Lucrecia para Isabel es, sin embargo, más franca, más sincera que la recíproca. Isabel de Este era una mujer inteligente y culta —lo atestiguan las cartas que escribía; pero esa misma correspondencia descubre en ella un carácter celoso—. A veces Isabel sentía envidia del éxito de Lucrecia, cuyo irresistible encanto le merecía halagos y atenciones a los que ella se había mostrado sensible, especialmente los de su primo, el célebre de Nicolo de Correggio, guerrero y a la vez poeta de renombre, y los de los poetas Ercole Strozzi, Antonio Teobaldo. Isabel estaba celosa de la muy viva, tal vez demasiado viva admiración que su marido, Francisco de Gonzaga, profesaba para la duquesa de Ferrara, por lo que se había levantado un velo sobre la amistad de la bella marquesa para su joven cuñada, que ni el tiempo, ni la espontánea cordial de esta última lograron disipar enteramente.

Los archivos de la casa de Gonzaga conservan centenas de cartas de Lucrecia escritas en italiano, en un estilo sencillo y ágil, pero trivial, reflejo de esa naturaleza graciosa que encantaba. No revelan nada en particular, ni de la historia de su tiempo, de su Corte o de su persona.

En el año de 1505 la peste llegó a Ferrara, originando grandes estragos. A causa de este mal pereció, entre otros, el viejo Strozzi, Tito-Vespasiano, poeta adicto a la Corte ducal. Cuatro mil habitantes abandonaron la ciudad arrojados por el flagelo. Por orden de su marido, Lucrecia se retiró a Rovigo, en donde tuvo un segundo mal parto.

En 1506, la Corte de Ferrara se vería envuelta en un terrible drama, el cual debió conmover enormemente a Lucrecia, pues uno de los principales actores fue don Ferrante (Fernando), segundo hermano del duque de Este; el mismo que en nombre de don Alfonso le había colocado en el dedo el anillo nupcial, el 30 de diciembre de 1501 en Roma.

Lucrecia había llevado a Ferrara entre sus damas de honor a su joven prima, Ángela Borgia. El cardenal-arzobispo de Milán, Hipólito de Este, hermano de Alfonso I, se enamoró de ella. Cierto día le hablaba demasiado cerca y la joven, apartándole, le pidió que la dejara tranquila, al mismo tiempo que le decía: "un ojo de vuestro hermano Julio vale más que toda vuestra persona."

El tal Julio de Este, igualmente hombre de Iglesia, era hermano natural del cardenal Hipólito y su compañero de placeres. Era hijo del duque Ercole y de Isabel Arduino, dama de honor de la duquesa Eleonora de Aragón.

En su despecho, el cardenal Hipólito retuvo en su mente aquello que hacía referencia a los ojos de su hermano, y el 3 de noviembre, acompañado de un puñado de *bravi*, esperó a Julio de Este en el recodo de un camino cuando éste se disponía a ir de caza; ahí lo atacó, haciendo que sus hombres lo derribaran sobre la tierra y ordenándoles que le sacaran los ojos con la punta de una varilla (otros dicen que mediante mondadientes). Julio de Este conservó milagrosamente la vista del ojo izquierdo: el derecho lo perdió.

Por todo castigo, Alfonso I se contentó con condenar a su hermano a un corto destierro.

Un marido justiciero

La infame acción del cardenal-arzobispo que dejara mutilado a Julio, llegaría a tener graves consecuencias en Ferrara. El príncipe, muy resentido, resolvió satisfacer él mismo su venganza matando a Hipólito. Confió su proyecto a su hermano Fernando, que era hijo legítimo de Ercole I y de Eleonora de Aragón.

Fernando ambicionaba el trono de Ferrara, en donde su lugar estaba señalado si su hermano mayor lograba desaparecer. Los dos hermanos se confabularon, añadiendo los deseos de venganza concebidos por uno a las miras ambiciosas del otro. Se asesinaría conjuntamente al duque y al cardenal.

Los preparativos del complot fueron favorecidos con la ausencia simultánea de Alfonso I y del cardenal Hipólito; pero éste último mantenía en Ferrara espías que lo informaron. El castigo fue terrible. Los cómplices de los dos hermanos, el principal de los cuales era el príncipe Boschetti de San-Cesario, fueron decapitados. Uno de ellos, Juan de Gascogne, que era cantor y clérigo, logró escapar y refugiarse en Roma. Al reclamo de Alfonso de Este, el Papa lo entregó con la condición de que respetara su vida. El duque de Ferrara mantuvo su palabra haciendo encerrar el desgraciado en una jaula, la cual hizo colgar de una de las torres del Castel Vecchio —la torre de los Leones—. A los siete días de tan horrible cautiverio, Juan de Gascogne logró ahorcarse con un trozo de paño. Al ver esto, Alfonso de Este se encarnizó con su cadáver, que fue arrastrado por las calles de la ciudad y llevado después al Po, en donde lo amarraron a la extremidad de una estaca, y donde fueron cayendo cada uno de los miembros ya podridos.

Don Fernando había creído obtener el perdón arrojándose a los pies de su hermano mayor y revelándole los detalles del contubernio. Por toda respuesta, éste le azotó el rostro con un látigo que sostenía en las manos, con tal violencia, que le reventó uno de los ojos.

Los dos hermanos, ahora igualmente ojituertos, fueron condenados a muerte por un tribunal que el duque de Este estableció para juzgarlos.

Un patíbulo esperaba a sus víctimas en el interior del Castel Vicchio. Se había convocado a toda la Corte de Ferrara, a los magistrados y a los principales burgueses ferrareses a presenciar la sangrienta ejecución. Cuando apareció Alfonso I, en un rasgo de magnánima grandeza, les concedió a sus hermanos —que se encontraban de rodillas ante él con las manos atadas y sollozando— la gracia del indulto, ordenando en seguida que los encerrarán en una de las torres de su castillo, muy cerca de propia morada, donde podía oír sus gemidos cuando iba a sus placeres; sus gritos desgarradores se mezclaban a las voces, cantos y charlas de la Corte ducal. Sólo la muerte puso fin, 34 años más tarde, al largo martirio de don Ferrante (1540); don Giulio sería puesto en libertad por el duque Alfonso II, en 1559, después de un cautiverio de medio siglo, cuando éste contaba con 84 años de edad. Fue muy extraño verlo salir de la cárcel vestido con las ropas que tenía cuando fue hecho prisionero, pues, en ese entonces, bajo la influencia de Carlos V y de los españoles, las modas italianas se habían modificado.

¡Así era Alfonso del Este!

Ya fuese por viajes políticos o por asuntos militares, don Alfonso se ausentaba de su ducado con frecuencia y por largos periodos de tiempo. En esas circunstancias, a instancias de Alejandro VI, cedía el gobierno de sus Estados a Lucrecia, y como ella lo había hecho en Roma, en Spoleto, en Sermoneta, la joven desempeñaba sus funciones a satisfacción general. Había avanzado un poco en edad y mucho en experiencia. El sabio y grave Alde-Manuce, tan reflexivo y de noble carácter, admira en Lucrecia ese juicio equilibrado y esa intuición que llenaban de asombro a los de Ferrara.

El mismo año (1506) en que don Fernando y su hermano Julio intrigaron contra el duque Alfonso, Lucrecia, que estaba encargada del gobierno, expidió una ley para proteger a los judíos repudiados y atacados por el pueblo: los infractores serían castigados severamente. Por otra parte, fundó el Convento de San Bernardino, en Ferrara, a donde ingresó a su sobrina Camila que, en homenaje a su joven tía, tomaba el nombre de Sor Lucrecia. Sor Lucrecia morirá en su convento en olor de santidad.

Grandes pesares

En abril de 1507, la duquesa de Ferrara recibe la lacónica noticia de la muerte de su hermano César. ¡Había sufrido tanto por su causa! Se puede decir, que él fue una fatídica luz cuyo reflejo veló, a los ojos de la posteridad y de muchos contemporáneos, una flor delicada en su expansión primaveral.

César había logrado escaparse del Castillo de Medina del Campo, donde Fernando el Católico lo retenía prisionero para ponerse, en calidad de condotiero, al servicio de su cuñado el Rey de Navarra, logrando hacerse de un gran renombre militar por sus reales cualidades de capitán y de soldado. Su fin valió más que su vida. Si César Borgia se hubiese limitado a los dones brillantes y valiosos con que la naturaleza lo colmara, y hubiera seguido en la sencilla línea recta que no pierden de vista las personas honradas, no se habría ganado la admiración por la manera como encarnaba el ideal de "El príncipe", de Nicolás Maquiavelo, consejero del gobierno florentino.

Un mes antes, el 12 de marzo, César caía en una emboscada; como soldado, con las armas en la mano, sorprendido en el sitio del Castillo de Viana (diócesis de Pamplona), cuyo señor, el conde de Lerín, se había rebelado contra su soberano, el Rey de Navarra.

Sobre su tumba se grabará este epitafio:

"Aquí yace, bajo un poco de tierra,
aquel que todos temían,
aquel que en su mano
tenía la paz y la guerra.
¡Oh tú!, que vas a buscar
tema para una alabanza
si quieres loar al más digno,
detén aquí tu camino."

No cabe duda que Lucrecia amaba a su hermano; carecía de la suficiente fuerza e independencia de espíritu para juzgarlo, como tampoco juzgó a su padre. Sus allegados, que conocían esa ternura, le informaron solamente que César había caído herido en una escaramuza en España, y que la herida era grave. Cuando se enteró de la verdad, su pena fue muy grande, y se encerró dos días en el Convento de *Corpus Domini*, donde dirigió a Dios fervientes ruegos, implorando su bondad para aquél cuyos desmanes tenían seguramente gran necesidad de ella.

El 6 de junio de 1508, la Corte de Ferrara vuelve a ensangrentarse por un crimen, mitad misterio y mitad pasión, de esos tan frecuentes en la Italia del Renacimiento: Lucrecia pierde a su fiel amigo, el poeta Ercole Strozzi, el joven.

Ercole fue, entre los numerosos poetas de la Corte estense que pululaban en torno de Lucrecia y a los que ella estimaba, el más cercano y querido. Hombre de elevada cultura (no demasiado bien visto por los de Este, seguramente porque lo era para Lucrecia), 'el cojo Strozzi' —llamado así por el defecto físico que le obligaba a emplear una muleta—, fue quizás el único amigo verdadero con el que Lucrecia contó en un país que había acabado por estimarla, aun cuando siempre la consideró extranjera.

Encontraron el cadáver envuelto con su capa, junto a su muleta, cerca de su morada —la esquina de Palazzo Pareschi—. Lo habían acribillado con 22 puñaladas, y le habían arrancado el cabello de raíz, colocándoselo luego con macabra solicitud en forma de corona en torno de la cabeza. La víctima tenía 35 años, y su fama ya era grande.

Ercole Strozzi era considerado uno de los primeros poetas de su tiempo, no sólo en la legua italiana, sino en latín. Había sido 'juez de los sabios'; muy considerado en Ferrara, perteneciente a una familia poderosa. Buenaventura Pistofilo, su cuñado, era el secretario privado del duque Alfonso y su consejero más escuchado. La noticia causó gran conmoción en la ciudad, pero, a pesar de eso, "no hubo investigación sobre el crimen —anota el historiador Paul Jove—; el pretor se quedó con la boca cerrada".

La opinión general estuvo de acuerdo en designar a Alfonso de Este como el instigador del asesinato, pero no fue hasta dos años más tarde, precisamente el día del aniversario del crimen, que el Papa Julio II lanzó la acusación al rostro del embajador ferrarés de manera oficial; y naturalmente, se ha encontrado gente dispuesta a mezclar a Lucrecia Borgia en el asunto. El duque se había ensombrecido ante el entusiasmo que Ercole Strozzi atestiguaba en sus versos por la joven duquesa, de quien era, por decirlo así, el poeta oficial; pero —como lo hace notar Heri Hauvette— no hubo nunca una intriga de carácter amoroso entre el joven Strozzi y la duquesa; sus versos, como los de su padre, Tito Vespasiano, no atestiguan sino un sentimiento platónico.

Parece verosímil que Ercole Strozzi haya caído víctima de los sentimientos vindicativos del duque Alfonso, pero la duquesa de Ferrara no tuvo nada que ver en el sangriento drama. Resulta que en ese tiempo Alfonso de Este perseguía con sus ardores a una joven ferraresa, Bárbara Torelli, viuda de Ercole Bentivoglio, la que lejos de consentir en 'apagar su llama', acababa de casarse con Ercole Strozzi. Puede ser que en su brutal pasión, el duque haya tomado ese camino sangriento para lograr sus fines.

Lucrecia recibió la triste noticia de un mensajero jadeante, cuando, de regreso del convento de Ferrara, se encontraba en sus habitaciones del castillo. La joven duquesa volvería al convento a llorar su pena.

Fuera de este crimen, no habría por qué censurar con demasiado rigor a Alfonso de Este por sus infidelidades, que incluso Alejandro VI aprobaba, ya que nunca dejó de mostrarse junto a Lucrecia como un buen marido. El 4 de agosto de 1508, dos meses después del asesinato del joven Strozzi, Lucrecia colmaría sus más caras ambiciones dándole un hijo, un heredero que recibió en el bautismo el nombre de su abuelo: Ercole. Un año después, el 25 de agosto, le daría un segundo hijo, al que pusieron el nombre de su tío, el voluptuoso cardenal Hipólito de Este.

Lucrecia Borgia tiene ya 28 años, y se encuentra en una situación privilegiada, placentera y tranquila. Es duquesa de uno de los Estados más prestigiados de la península; madre de dos niños que serán un día los jefes de una de las más antiguas y nobles casas de Italia. Sin embargo, la guerra sobrevino.

La guerra papal

Como vasallo de la Santa Sede, Alfonso I se ve obligado a servir a las brutales ambiciones del Papa Julio II, que le enviará la 'Rosa de Oro' y lo nombrará gonfaloniero de la Iglesia. Bertrán de Costabili, embajador ferrarés en la Santa Sede, le remite el estandarte pontifical a la Catedral de Ferrara. Alfonso parte a la cabeza de 1,500 hombres a reforzar al ejército pontificio, y participa en la toma de Bolonia y en la caída de Juan II Bentivoglio, cuyo hijo Aníbal era su cuñado por haberse casado con su hermana más joven, Lucrecia. Después se incorpora a la Liga de Cambray, formada el 10 de diciembre de 1508 por el Papa, el Emperador y el Rey de Francia, para combatir contra los venecianos. En esta lucha, Alfonso de Ferrara contribuye con su gran artillería —'el Gran Diablo', y 'el Temblor de Tierra', dos cañones de dimensiones extraordinarias para la época—, aniquilando a la flota veneciana en el Po (1509). Más tarde volverá a sentirse orgulloso de su artillería con la victoria de los franceses en Ravena (1512).

Fue en el curso de esta guerra —en la que Luis XII estaba empeñado—, cuando Bayardo, 'el caballero sin miedo y sin tacha', llega a Ferrarra y conoce a la bella duquesa, a cuyo encanto el valiente capitán francés no pudo quedar indiferente. Lucrecia hizo más que encantarlo; ella le inspiró su admiración de la que se hizo fiel eco el 'leal servidor' en su vida del *Gentil señor de Bayard*.

Pero el Papa Julio II, después de haber obtenido de los venecianos lo que deseaba, concluyó con ellos una paz por separado, sin preocuparse del Rey de Francia, cuyo concurso había logrado sus fines. Julio II no tardó en volverse contra sus aliados de la víspera, exigiendo que el duque de Ferrara hiciese otro tanto.

En vano los embajadores de Alfonso I en Roma, manifestaron al Soberano Pontífice que su señor estaba comprometido con los franceses, quienes siempre habían sido sus fieles aliados; en balde objetaron que volverse contra ellos ahora era faltar a la fe prometida, faltar al honor y a la probidad. El Papa juraba y maldecía como un jornalero y continuaba exigiendo que el duque de Ferrara apuntara su artillería contra Luis XII bajo pena de excomulgarlo.

Fue en ese entonces, cuando Julio II hizo acuñar las monedas atribuidas a Francisco Francia, con la leyenda dirigida a Alfonso de Este: *Contra stimulum ne calcitres* (¡No resistas contra el aguijón!).

La sorprendente conducta de aquel que se decía el representante de Cristo en la Tierra, causaba desconcierto entre los franceses. El buen Luis XII no volvía de su asombro y sus súbditos estaban furiosos. Todos exclamaban: "Un Santo Padre armado o un Soberano Pontífice belicoso, pasan..., pero un Papa de mala fe...".

Mientras tanto, Julio II gritaba: ¡Fuera de aquí los bárbaros!" A lo que le respondían: "Pero, Santo Padre, esos bárbaros —buenos católicos— han sido llamados por vos." ¿Y si para pagaros con la misma moneda, esos 'bárbaros' se hubiesen juntado a la mitad de Europa que rechazaba la sumisión a la Iglesia romana? ¿Qué habría quedado bajo vuestra obediencia? El papado se encontraba en una posición peligrosa. Sólo Ana de Bretaña, que tenía miedo de ir al infierno, decía que era necesario someterse al Soberano Pontífice.

Guichardin escribe al respecto:

"Este Papa (Julio II) había declarado la guerra al duque para despojarlo de Ferrara, que quería anexar a la Santa Sede. Encontró en esas conjeturas la ocasión para apoderarse de Módena, que conservó para él. Pretendiendo que esta ciudad y las otras plazas hasta el río Po deberían pertenecer a la Santa Sede, porque habían formado parte del exarcado de Ravena; pero poco tiempo después, en el temor de que Francia se mezclase en ello, la puso en manos del Emperador Maximiliano. No por eso dejó de seguir la guerra contra Alfonso, a quien despojó aun de Reggio... Había tomado la resolución de reunir a la Santa Sede todo lo que se decía haber sido poseído antes por la Iglesia. Por lo demás, odiaba mortalmente a Alfonso de Este, al que reprochaba haber preferido la amistad de Francia a la suya; por último, no buscaba sino la manera de hacerles sentir los odios implacables que él conservaba hacia la memoria y la familia de Alejandro VI, con cuya hija se había casado el duque."

Para calmar el furor conquistador del 'belicoso' Papa "*a la bourgrisque barbe*" —como dice Rabelais—, el caballero Bayardo, con sus tropas delfinesas, concibió el proyecto de secuestrarlo con su cáfila de cardenales. ¡Habría costado tan poco! Pero una oportuna nevada impidió al Papa ponerse en camino, como lo había proyectado.

Bayardo salvó a Ferrara con la derrota que infligió al ejército pontificio bajo la Bastida *di fossa Geniolo*, que era un pequeño contrafuerte que controlaba el curso del Po, y cuyo sitio sostenían las tropas de Julio II. El suceso es conocido con el nombre de "Combate de la Bastida" (1511). Como consecuencia de este hecho armado, 'el bravo caballero sin miedo y sin tacha', fue enviado a la cabeza de las fuerzas francesas al servicio de Alfonso I, y entró en Ferrara.

Éste es el relato del 'leal servidor', en que se rinde un muy glorioso homenaje a Lucrecia Borgia:

"El duque (de Ferrara) y los franceses hicieron allí (en la Bastida) una maravillosa carnicería, pues murieron más

131

de cuatro o cinco mil soldados, y más de 300 caballos fueron tomados junto con sus bagajes y artillería, de manera que no había nadie que no tuviera la ocasión de llevarse un botín. Yo no sé cómo los cronistas no han hablado de otro modo de esta hermosa batalla de la Bastida, pues desde hace 100 años, no se había realizado un combate mejor ni con tanta suerte. De todos modos, convenía intentarlo, porque de no hacerlo, el duque y los franceses estaban perdidos, los cuales regresaron gloriosos y triunfantes al seno de la ciudad (Ferrara), en donde no faltó quien los cubriera de alabanzas. Entre todas las personas, la buena duquesa (Lucrecia Borgia) que era una perla en este mundo, les hizo una singular acogida, y todos los días les ofrecía banquetes y festines al estilo italiano, tan bellos como maravillosos. Me atrevo a afirmar que en su tiempo, y mucho antes, no se ha encontrado princesa más triunfante, pues ella era hermosa, buena, dulce y cortés para todo el mundo. Hablaba español, griego, italiano, francés y algo de buen latín, y componía en todas esas lenguas; y no hay nada más cierto que, aun cuando su marido no fue un sabio y valeroso príncipe, dicha dama, por su gracia exquisita, fue la causa de que le prestaran a él buenos y leales servicios."

Con estas últimas palabras el 'leal servidor', da a entender que la joven duquesa adquirió para el duque de Ferrara la abnegación de aquellos —y fueron numerosos— que habían sido conquistados por su gracia exquisita. En la época a que se refiere el 'leal servidor', eco de su señor caballero Bayardo, Lucrecia tenía 31 años.

Los poetas cantaron a su belleza y a sus virtudes. En primera fila los dos Strozzi: Tito, el padre, y su hijo Ercole. "En ella –exclamaba el viejo Strozzi, se reúnen todas las maravillas de la Tierra y el cielo, y en el mundo entero no se encontraría nada semejante"—. El viejo Strozzi tal vez exageraba un poco. Lucrecia le había dado una rosa que lo hizo escribir versos en latín.

A Strozzi, el joven, Lucrecia también había dado una rosa, lo cual no parece, sin embargo, haberle entusiasmado en el mismo grado. Se contentaba con compararla a Juno, por la benevolencia; a Minerva por la razón; y a Venus por la belleza. Sus ojos tenían el brillo fulminante del Sol: enceguecerían al temerario que quisiera mirarlos de frente; tenían, como los ojos de Medusa, el poder de petrificar a los que contemplasen sus rasgos; tal le ocurrió al amor. Por haber osado presentarse ante ella, vedla aquí, estatua de mármol blanco, inmóvil a su salón (alusión a la estatua de Miguel Ángel, de la que se habló al inicio de este capítulo).

A los Strozzi se unieron, en esa misma admiración poética para la bella duquesa de Ferrara, Antonio Tebaldeo, Celio Calcagnini y Giraldi, Marcel Filosseno y su célebre primo de la casa de Este, Niccolo da Correggio. Ellos cantan a porfía su belleza, su cordura, su bondad y su modestia. Jacobo Caviceo, vicario del obispo de Ferrara, le dedica en los mismos términos su bonita novela *Peregrino*. Entre esos aduladores, hijos del Parnaso, conviene señalar particularmente a dos de ellos por su talento y notoriedad: el Ariosto y Pietro Bembo.

El Ariosto consagra a la joven duquesa de Ferrara una de las octavas de *Orlando el Furioso*, reservándole un lugar entre las ocho cariátides honradas en el templo destinado a la gloria de la mujer. La inscripción de la primera se refiere a Lucrecia: "sus virtudes, su belleza (de Lucrecia), merecen ser preferidas por Roma, su patria, a la belleza y virtudes de... (la estatua).

"Messer Pietro mio"

Con Pietro Bembo —del que ya se ha hablado anteriormente—, tocamos en la página más delicada de la vida de Lucrecia Borgia.

Es cierto que el joven y brillante veneciano estaba realmente enamorado de la bella duquesa. Por eso diría, sin duda: "Gusanillo de tierra enamorado de una estrella."

Bembo era adicto a la Corte de Ferrara, igualmente a Lucrecia y a don Alfonso, pero parece que para Lucrecia ese sentimiento de adhesión no había tardado en convertirse en una emoción sin límites.

No puede asegurarse que Lucrecia haya tenido con el joven poeta un romance, favorecido y desarrollado bajo los signos de la amistad amorosa, más que con los de la pasión. La amistad con Bembo, en particular, se haya mantenido o no en los límites del platonismo, tiene un aire muy cortesano, propio de aquellos tiempos renacentistas.

Lucrecia y Pietro se conocieron en Ostellato en 1502, en la villa de los Strozzi, de quienes el literato era huésped, y se verían ahí mismo otra vez, en enero del año siguiente. En abril, Lucrecia se deja vencer por un capricho: escribe de su puño y letra el nombre y la dirección en el sobre de una carta que Ercole Strozzi envía a Bembo. Se desconoce qué sobresaltos y delicias suscitase aquel gesto en el corazón del poeta. De todos modos en junio son ya frecuentes las misivas, con intercambio de versos amorosos y palabras ingeniosas muy transparentes. Él le prometerá devoción eterna. Ella afectuosamente, dirigirá sus cartas a "Messer Pietro mio". Quizás es ésta la primera vez que el amor le sonríe sin sombras, sin que lo velen las cruentas tenebrosidades de las intrigas borgianas, pero es sólo una ilusión. Los de Este se hallan al acecho, y aunque no son los Borgia, no tienen la menor intención de permitir que tales gentilezas cortesanas entre poeta y dama vayan demasiado lejos; y de eso se encargará Alfonso de Este.

Cierto día en Ostellato, aparece inopinadamente el duque, quien por una vez deja sus armas y armaduras, "por la caza" —dice—. ¿Será verdad? Lo único que se sabe a ciencia cierta, es que Alfonso de Este llegó el 7 de octubre y Bembo partió el día 10: curiosa coincidencia.

De ahí en adelante los encuentros entre el poeta y Lucrecia se hacen cada vez más raros. El duque no oculta su escasa simpatía por el poeta; éste comprende y se aleja. Seguirán manteniendo correspondencia, pero en secreto y de manera circunspecta hasta el verano de 1505.

En 1506, Bembo deja abruptamente Ferrara y su Corte. No sería temerario pensar que fue para huir de los celos de Alfonso de Este y de su carácter terco, violento y desconfiado. Se puede creer también que la joven y el poeta, ella sobre todo, asustados ante los sentimientos que veían despertarse en ellos, quisieran buscar en la separación un remedio eficaz para semejante circunstancia: poner una barrera donde la esposa, la esposa-madre, cuidadosa de su deber, no puede dar un paso de más.

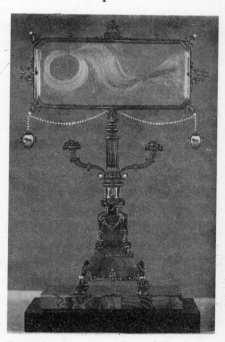

Es verdad que una carta escrita por Lucrecia a su joven admirador, conservada en la biblioteca Ambrosiana de Milán, permanece junto a un bucle de cabellos rubios: bucle desprendido de la clara cabellera que enmarcaba el rostro de la bella castellana y que fue encontrado entre los papeles de Bembo. Se dice que siglos después, Lord Byron lo tocaría emocionado.

En Milán, en la austera biblioteca Ambrosiana, se conserva, como reliquia, un mechón de los rubios cabellos de Lucrecia Borgia. Fue encontrado entre los papeles del poeta Pietro Bembo.

Entre los versos en latín que Pietro Bembo compuso en honor de Lucrecia, los siguientes reflejan algunas actividades artísticas que ocupaban el tiempo de la joven castellana en su Catello Vecchio de Ferrara; pero es disculpable que la cultura antigua de que estaban penetrados los espíritus de esa época en Italia, se encargara de decolorar y empequeñecer el interés de sus escritos, quitándoles frescura y personalidad:

"*A Lucrecia Borgia:*

"*Bella, más bella que Europa, hija del rey Agenor, y que Helena de Esparta raptada por el troyano Paris, tú no dejas ahogar tu genio por tu belleza. Si dices versos en lengua italiana, eres hija de la tierra italiana, si tomas la pluma para escribir versos tú misma, ésos son versos dignos de las Musas; si te places en hacer vibrar las cuerdas del arpa o de la cítara, recuerdan con su arte delicado las notas tebanas, las ondas del Po se estremecen en su corriente con el encanto de tu voz; así te place, con el pie, ligero, abandonarte a la danza, ¡ah!, cuánto no temo que atraigas la atención de un Dios y que no venga a raptarte a tu castillo para llevarte de un vuelo ligero, y hacer de ti, sublime, la diosa de un astro nuevo.*"

Tiempos difíciles

Después de Bolonia y de la Romaña, el Papa de Julio II había decidido, pues, la conquista del ducado de Ferrara. "Te tendré por el cuerpo de Cristo —juraba—. ¡Quiero Ferrara o moriré como un perro!" De un pensamiento estrecho y de una voluntad empecinada, continuaba combatiendo a Alfonso de Este, aliado de los franceses. Encañonaba a la gente con una mano y los excomulgaba con la otra, si así puede decirse. Las cartas de excomunión son del 9 de agosto de 1510: Alfonso tenía seis días para someterse humildemente.

Porque el duque de Ferrara, como hombre honrado, entendía que debería permanecer fiel hacia los compromisos contraídos con el Rey de Francia y sus otros aliados, el Papa lo declaró desposeído de todo derecho al trono que ocupaba y hería con el anatema a todos sus súbditos. Emmanuele Rodocanachi, en su libro sobre Julio II, ha analizado las cartas de entredicho. Se tomaron de este análisis, con los comentarios del excelente historiador, los motivos invocados por el Papa para excluir de la Iglesia a Alfonso de Este y a sus súbditos:

El duque —dice Julio II— continúa haciendo la guerra a Venecia (guerra que el mismo Papa había desencadenado observa Rodocanachi, y que el duque de Ferrara prolongaba, contrariando al Soberano Pontífice, para cumplir los compromisos con sus aliados). Sus tropas invadieron el territorio de la Iglesia, prosigue Julio II (pero el Papa, anota su exegeta, se había declarado en guerra y había enviado tropas contra él, por lo que el duque se defendía). El duque, al decir del Pontífice, ejercía en sus Estados derechos de la incumbencia de la Santa Sede. Acababa de elevar en 400 % los derechos de aduana en sus fronteras, y nadie hacía caso a las amonestaciones del agente comercial del Papa, *Messire* Massimo; acuñaba moneda falsa y se apoderaba de los bienes de los intestados (el Papa, en Roma, hacía lo mismo). No hacía nada a favor de los eclesiásticos. Se había exhibido con el cardenal de Amboise, representante del rey de Francia. Vendía a los milaneses, de acuerdo con la autoridad francesa (que mandaba allí), la sal de las minas de Commachio, privilegio reservado a las salinas de Cervia (y esto irritaba aún más al Papa, porque había concedido la explotación de dichas salinas a su favorito, el banquero Agostino Chigi).

Como se mencionó anteriormente, Julio II había despojado a Alfonso de Este de Módena y Reggio, y si no le quitó Ferrara, fue gracias a que no se lo permitieron Bayardo y los cañones de que la ciudad estaba provista. El buen caballero 'sin miedo y sin tacha' hizo maravillas, así como el 'Gran Diablo', el 'Temblor de Tierra' y la 'Guilia', la temible culebrina que había sido bautizada con el nombre del Papa por haber sido fundida por el mismo Alfonso I con los despojos de la colosal estatua de Julio II por Miguel Ángel, que los boloñeses habían derribado y despedazado, en su legítimo furor.

Sin embargo, este pleito pesaba demasiado sobre la población civil de la ciudad guerrera. A los sufrimientos y a las privaciones materiales, se unían las angustias morales nacidas de la excomunión. El pensamiento popular que estaba profundamente penetrado de su fe religiosa, no aceptaba que bajo los rayos pontificales, las iglesias cerraran sus puertas a los fieles y los cementerios a los difuntos. La consternación se volvía general.

A fin de poder suministrar un alivio a los sufrimientos y a las miserias que se multiplicaban cada día más, Lucrecia empeña sus joyas y su platería. Reemplaza su vajilla de plata por una de porcelana, misma que decora con sus manos. Se ha señalado por algún cronista de la época, que la mesa principesca del duque de Ferrara fue la primera en lucir utensilios de tierra cocida: vasos de greda que —al decir de Paul Jove— salían de las manos del príncipe, producto de su propia industria.

Es una época difícil para Lucrecia, quien se esfuerza enormemente por atender tantos deberes. Sus obligaciones son cada vez más numerosas y más exigentes. Organiza obras de beneficencia que las circunstancias convierten en una imperiosa necesidad; funda instituciones caritativas a título permanente; atiende la educación de sus hijos y los quehaceres de la Corte ducal, a los que deben añadirse los negocios de Estado, cuya gestión le confía Alfonso cuando él se ausenta llamado lejos de Ferrara por las exigencias de la guerra.

Por fin, con la muerte de Julio II, parece que se apaciguan las hostilidades y renace la paz (1513).

El final de una vida infeliz

En 1516, el duque y la duquesa de Ferrara reciben en su castillo a un ilustre huésped, un gran pintor, el Ticiano, a quien se debe un magnífico retrato de Alfonso I. El veneciano se alojó con dos colaboradores en el Castel Vecchio desde el 13 de febrero hasta fines de marzo. Por los libros de gastos de la Corte de Ferrara, se sabe que cada semana los tres artistas recibían para su alimentación: carne salida, ensalada, queso, castañas y naranjas, así como velas para alumbrarse. El Ticiano realizó diversas pinturas decorativas en el palacio ducal, especialmente un paisaje que reproducía las montañas del país de Cadora, su patria. Todavía el año siguiente, el Castel Vecchio adornaría sus muros con dos cuadros del célebre pintor florentino fray Bartolomeo: una Virgen y una cabeza de Cristo, esta última como regalo para Lucrecia.

Un gran cambio se ha operado en la duquesa de Ferrara; tiene 39 años. La guerra ha dejado tras ella sus dolorosas consecuencias: miseria y muchas carencias; pero en esas circunstancias la popularidad de Lucrecia en el ducado de Ferrara no ha hecho más que crecer. Se ha convertido en la madre del pueblo, en su cariño por él.

Parece desgastada por los repetidos y difíciles alumbramientos (seis hijos sin hablar de los partos fallidos); por las renuncias forzadas a sus deseos de amor jamás satisfechos y siempre sacrificados a cualquier poderosa 'razón de Estado'; por los muchísimos duelos que tuvo que soportar: en la edad en que muchas mujeres rozan apenas la madurez, su carga le es ya tan pesada, que piensa en la muerte.

En 1518 ha abrazado la tercera orden franciscana, retirándose cada vez con más frecuencia a rezar a alguno de los muchos conventos de Ferrara: San Lázaro, el Santo Espíritu, Santa Catalina y *Corpus Domini*, el preferido; a donde la duquesa Eleanora, esposa de Ercole I, le gustaba retirarse. Se le ha hecho costumbre pasar algunos días, dos o tres veces al año, en el Convento de San Bernardino, fundado por ella, donde encuentra a Sor Lucrecia, la hija natural de su hermano César, con la que le agrada conversar.

Una devoción, excesiva tal vez, va a desarrollarse en ella, devoción de una naturaleza un poco infantil, como su carácter mismo.

El 15 de junio da a luz una niña sietemesina en un nuevo y fatídico embarazo. Como si adivinase su cercano fin, escribe al Papa León X, rogándole una bendición especial. En la misiva se observa claramente que conservaba un pensamiento apacible, resignado, claro reflejo de su alma que en las tempestades y en los torbellinos angustiosos de una vida agitada conserva su límpida integridad:

Ésta es la carta:

"Ferrara, 22 de junio de 1519.

Santísimo Padre y venerado señor:

"Con toda la deferencia de mi alma, beso los santos pies de Vuestra Beatitud y, humildemente, me encomiendo a su santa gracia. Después de haber sufrido grandemente desde hace dos meses, en una penosa preñez, el 14 del corriente, al despuntar la aurora, di a luz una niña, con la voluntad de Dios. Esperaba que después del parto, mi mal desaparecería; pero se ha producido lo contrario, de suerte que, heme aquí a punto de pagar mi tributo a la naturaleza.

"Tan grande es la benevolencia de nuestro clementísimo Creador, que conozco mi próximo fin y que, en algunas horas, no estaré ya aquí abajo, lo que me permitirá recibir antes todos los santos sacramentos de la Iglesia.

"Llegada a este punto, cristiana aunque pecadora, quiero suplicar a Vuestra Beatitud que tenga a bien, en su benevolencia, sacar para mí un sostén del tesoro espiritual, tendiendo sobre mi alma su santa bendición.

"Yo Os ruego devotamente, y recomiendo a Vuestra santa gracia a mi esposo y mis hijos, todos servidores de Vuestra Santidad.

"De Vuestra Beatitud la humilde servidora,

"Lucrecia de Este"

Poco días más tarde, el 24 de junio, sobreviene la fiebre y la asalta una terrible hemorragia. Antes de entrar en coma mira hacia la ventana. Por allí se va a Roma. Si Alfonso de Este, que estaba a su lado, hubiera mirando también, quizá hubiera visto, sobre el camino, a todos aquellos que parecían avanzar a su encuentro: su padre, César, Juan, Alfonso de Aragón, Ercole Strozzi , su suegro, los cuñados, sus muchos hijos desaparecidos trágica y prematuramente.

Lucrecia deja de existir.

Ese mismo día Alfonso de Este escribiría a su sobrino, Federico de Gonzaga:

"En esta misma hora, plugo Dios llamar a sí el alma de la muy ilustre dama, mi carísima esposa, lo que no puede tardar en participar a Vuestra Excelencia, en razón de nuestra amistad recíproca, que me hace creer que la desgracia del uno es la del otro. No puedo escribir estas líneas sin llorar, tanto me es duro verme separado de tan dulce y cara compañera, pues ella me era dulce y cara por su virtud y por la ternura con que estábamos unidos. En una pérdida tan cruel, iría a buscar el sostén de un consuelo junto a Vuestra Excelencia, pero sé en qué parte compartiréis vos mismo mi pena y me es grato tener amigos que me ayuden a llorar y alguien que me consuele."

La muerte de Lucrecia Borgia —escribe Gustavo Gruyer— dio lugar a un solidario sentimiento de pesar. Por su afabilidad, por su caridad, la segunda mujer de Alfonso de Este se había conquistado desde hacía largo tiempo el cariño de los ferrareses al renunciar, durante las calamidades de la patria, a la pompas y a las vanidades mundanas que la habían rodeado desde su niñez.

La duquesa de Ferrara dejaba cuatro hijos: Ercole de 11 años, que sucedería a su padre con el título de Ercole II; Hipólito de 10 años que sería cardenal; Eleonora de 4 años que se convertirá en religiosa del Convento de *Corpus Domini* en Ferrara; y Francisco, de sólo 3 años, que llevará el título de marqués de Massa-Lombardía.